新裝版

簡約與優雅

法國女人的
生活美學

フランス人は年をとるほど美しい

朵拉・托賽 Dora Tauzin

前言

女人和葡萄酒一樣，越陳越香。

歷經熟成，醞釀豐富的醇厚口感。

Bonjour！

我是朵拉．托賽（Dora Tauzin）。

我是個土生土長的巴黎女人，二十多年前來到東京居住，目前往來巴黎與東京神樂坂間，透過寫作、演講、電視節目等媒體活動，擔任日本與法國間的溝通橋樑。

「法國女人愈老愈美」，這是真的。

女人和美味的葡萄酒一樣，歷經歲月，越陳越香。葡萄酒釀造完成後，必須花上十五年、二十年的時間，慢慢熟成，風味與顏色才會轉趨醇厚豐富，變得像寶石一樣美麗，且愈來愈有價值。因此，在法國，「像葡萄酒一樣的女人」是最高等級的讚美。或許各位日本讀者會覺得難以置信，但在法國，呈現自己真實年齡的女人，不但是公認的美麗佳人，也更受歡迎。

前幾天，我碰到某位認識的作家，他對我說「朵拉，妳愈來愈漂亮了」。我最後一次見到他是二十年前，我還在參與NHK的電視節目「法語會話」的時候。聽到他這麼說，我心中一瞬間閃過「以前的我不漂亮嗎？」「他是說我根本沒有成長嗎？」等等念頭。不過，這位作家其實是想讚美我二十年後給人的感覺完全沒變。不僅如此，還比以前更有魅力。

原來如此。就像我最喜歡的葡萄酒一樣。

這麼一說，我覺得法國女人愈老就愈美。

不過，為什麼年齡增長反而會變美呢？

因為我們會愈來愈成熟。一個人的美，有些層面是無法以肌膚的彈力與光澤、皺紋和斑點的數量，或是腹部周圍的脂肪來計算的。和葡萄酒一樣，新鮮粉嫩時反而無法品嚐到的「深度」，才是女人最珍貴的美。

因此，法國人完全不在乎年齡。我從小到大都覺得「年齡根本無所謂」，從來沒覺得不想變老，也沒害怕過年齡增長。比起這些，更重要的是該如何變老，也就是如何活在當下。畢竟每個人都一樣會老。

變老並不是壞事

我第一次來到日本時，相當震驚。

日本人非常在意年齡。我經常聽到這些對話：

「妳還不結婚嗎？」

「我已經老了。」

「都這把年紀了……」

最近，雜誌上經常可以看到「小鮮肉」、「輕熟女」、「大叔」、「剩女」等詞句。

被年齡綁得這麼緊，難道不會覺得喘不過氣嗎？我覺得非常不可思議。

就連去參加派對，也會被問「您今年貴庚？」報紙和雜誌的報導都會寫出人物的歲數，在日本，到處都是年齡、年齡、年齡……。

大家到底為什麼這麼在意年齡呢？

年齡增長，絕對不是壞事。

呈現自己的真實年齡，會讓人漸趨成熟，充滿自信，而且愈來愈美麗。

「怎樣才能呈現自己真實年齡呢？」

其實很簡單。

活得自由自在，符合自己的個性。隨心所欲，不忍耐。永遠當個女人。吃美味的食物。不要忘記愛。

只要做到這些就夠了。

試著回想看看，這不就是年輕時的妳嗎？

不要放棄這些權利，千萬別丟下它們。從現在開始，不斷做你想做的事。這就是呈現自己真實年齡的方法。

活出自我的人，具有充沛的精力，心靈也能常保年輕。現代雖然有一臉茫然的二十多歲年輕女性，但是，也有七十多歲還充滿活力，精神抖擻的長者。差別就在於「是否活出自我，有沒有做自己喜歡的事，盡力活在當下」。法國女人非常了解這點，正因如此，她們會為了自己，以堅強又柔韌的方式渡過人生。

在法文中，「envie（想做的事）」和「en vie（生存）」這兩個單字的發音完全一樣。「想做的事」和「生存」具有相同的發音，實在相當有趣。

充分享受自己喜歡的事物，就是活在當下。

能夠做到這點的人，年齡愈大，愈是閃閃發光。

即使變老，仍然能長保年輕。

聽起來似乎很矛盾，但這是事實。

因為這樣的人知道什麼東西、什麼人和什麼工作最適合自己，可以用輕鬆的心情過日子。我相信，若一個人活出自我，隨著年齡增長，人生一定會愈來愈快樂。

一個女人，令人著迷、吸引異性的地方，可不是只有年輕而已。

本書收集了許多法國女人的美麗關鍵字，以及生活美學。這些都是我往來東京神樂坂與巴黎時，親眼見聞的真實事件，希望能與各位好好分享。

相信各位讀者閱讀完這本書之後，會非常期待年齡的增長。從無趣的年齡概念解脫，擁有法式的簡約與優雅，活得更自由自在。

人生只有一次。

妳的人生掌握在自己手中。妳才是它的主人。

Vivre sa vie！

用自己的方式享受屬於自己的寶貴人生吧！

Chapitre 1 活得隨心所欲

Chapitre 2 永遠當個女人

Chapitre 3 簡約優雅的生活方式

Chapitre 1

活得隨心所欲

年齡愈大，
妳就愈自由

Libre

解放外貌的束縛，活得更輕鬆自在

隨著年歲增長，我們漸漸能從維持美麗外貌的壓力中重獲自由。這種輕鬆的感覺很難用言語形容，是年紀大了的成熟人士才有的特權。

每當我回想起二十多歲時的自己，覺得當時活得實在太拚命了。

這種作風也反映在我的穿衣風格上。

當時，我工作時一定會穿上套裝。只要穿上它，就能給人成熟幹練的印象。

那時我還年輕，不希望別人輕視我，覺得我只是「二十幾歲的小女生」，因此非常想當「聰明又有智慧的朵拉」，努力勉強自己表現出聰慧的一面。其實我很想趕快加入三十歲的行列。然而，穿上套裝只是讓我變成茫茫人海中的一份子，如今想來，真是喪失自我特質的象徵。

不過，現在的我活得非常自然。

再也沒有必要和男人爭強鬥勝。

二十歲的我，認為「智慧才是我的自我認同」，對於「美女」、「漂亮」等評語都有強烈的抗拒感，每次聽到都會反駁對方。

剛剛來到日本時，每次有人說我是「美女」、「很漂亮」、「很有型」、「好像模特兒」、「像女明星」，我內心都在想「難道我的優點就只有美腿和臉這些外表條件嗎？」覺得這些人都看輕我。

我甚至一直感到氣憤，心想「我真正想要你們稱讚的是我的聰明才智！」

我小時候非常愛讀書，唸書時就跳級和高年級的人一起上課，我相當重視內含，因此很討厭用外表來判斷一個人。我認為教養與智力才是一個人最重要的部份。

不過，現在的我聽到「妳真美」這種讚美，會坦然接受，向對方道謝。我的想法可以說和過去完全相反，甚至開始相信「人的外表也很重要」。

稍微被看輕也沒什麼大不了的

美女老師、美女律師、美女醫生。這些頭銜也不錯啊。

現在的我，即使覺得「這個人好像有點瞧不起我」，也會心想「無所謂啦～」，一笑置之。

就算有人語帶挖苦地說「妳都這把年紀了還想留長髮啊？」我也會微笑回答「對啊，很棒吧？」

年輕時，我絕對無法用這種方式應對別人。現在的我很有自信，聽到讚美時，才能夠坦然說「謝謝」。即使聽到難以接受的評論，也不會太過在意，聽過就算了。

隨著年齡增長，我們能從「自我」中解放，活得更自由。正因為能夠肯定現在的自己，我們才能活得更隨心所欲。

有了智慧。
更了解自己

Sereine

人生愈來愈快樂

隨著年齡增長，逐漸累積經驗，人會變得愈來愈有智慧。有了智慧，人生就會更輕鬆，也更快樂。

我二十多歲時，太過直率的性格實在給自己添了很多麻煩。

有一次我在巴黎和父親一起在外面吃午餐。

當時我們在聊天，但我聽不懂父親談論的話題，父親對我說「朵拉，妳根本沒在看書嘛」，又說「妳真笨」。這句話讓我徹底失去理智。餐點還沒送來，我就粗魯地甩上餐廳的門走人了。

那時的我確實還很年輕，也有些衝動。現在回想起這件事，還是覺得很丟臉。我毫無掩飾地暴露出自己的感情，結果只是傷害了父親而已。

當時的我，想說什麼就會說出口，喜怒哀樂等感情都會直接表現出來。我認為這樣很好。我的想法是「有話直說」、「說出真心話」，不過，「有話直說」和「無謂地傷害別人」事實上是兩回事。

隨著年齡增長，我更有智慧了，現在即使遇到相同的情境，我的應對方式也會有所改變。現在的我能夠注意自己與別人的關係，根據當時的狀況完善應對。經過二十年，這段時間內我累積了各種經驗，學習了許多不一樣的思考方式，進而培養出智慧，能夠掌握人與人之間適當的距離感，也找到與人相處時最舒服的位置。

即使別人話中帶刺，我也不會每次都有所反應、衝動行事，而是「哈哈哈」一笑置之。就算對方不懷好意，我也能夠以「無所謂」、「哎呀，是這樣嗎？」的想法輕輕帶過。

不生氣，不反駁，也不會因此感到沮喪。現在的我，能夠笑著應對一切。

認同「我就是我」的堅強心靈

有了智慧，人就能了解自己。了解自己，就能夠具備認同「我就是我」的堅強心靈，以及強大的自信。不僅如此，有了自信之後，能說出真心話，也不會在乎別人的閒言閒語。

了解自己，就不再需要忍耐。當我們知道自己喜歡什麼、討厭什麼，就不會再委屈自己做不想做的事。對於自己不喜歡、沒興趣的對象，我們會保持適當的距離，學會和這些人井水不犯河水的生活方式。

「道不同不相為謀」，這也是我的人生哲學之一。年輕時，我試著平等地和所有人建立良好的關係，但當我成為大人，也漸漸發現「一個人不可能和所有人都當好朋友」。

有些人，即使你再怎麼努力，還是沒辦法彼此了解；有些人則是曾經和你當過一陣子好友，但由於價值觀轉變，思考方式也漸漸產生落差。

這時，不需要和合不來的人絕交，只要保持適當的距離就好。這樣才能有效利用有限的時間，對彼此來說都是好事。

保持距離，能讓彼此過得更愉快。

展現自我
最能感到幸福

Passionnée

忍耐會讓人變老

我是個任性的人。身邊的每個人都說「朵拉妳好任性！」對我來說，這可是最棒的讚美。

我會這麼想，是因為「忍耐無法帶來幸福」。不斷忍耐的人生，會讓女人日漸衰老。忍耐不會帶來任何好處。因此，希望各位也不要再忍耐，按照自己的想法隨心所欲生活。

據我所知，不論何時都能保持優雅迷人的女性，幾乎每一位都相當任性。她們能夠巧妙地運用自己的任性，生活方式柔軟又充滿彈性。

相較之下，勉強自己忍耐的人又過著什麼樣的生活呢？單身時，她們犧牲自己的時間，全部奉獻在工作上。結婚生子後，又熱衷於育兒。接著某一天突然發現自己和丈夫已經沒有性生活，於是開始失去身為女人的自信。在我認識的朋友中，這種類型的女性，以事事拚命的日本女人最多。

我在進行日法文翻譯時最煩惱的就是「努力（頑張ろ）」這個詞。法文裡面根本沒有「努力」這個單字。如果硬要翻，就只能翻成 fight（戰鬥！）但是，這並不是正確的翻譯。我認為「努力」這個詞，具有努力犧牲自己，為了其他事物奉獻的意思。

相較之下，法國女人的生活方式比較輕鬆一些。

工作再忙，也不會忘了和同事開玩笑，即使職業是老師或律師，依然記得保有自己的性感風情。

忙著養育孩子時也是如此，在照顧孩子的同時，法國女人會確保自己有時間和伴侶一起，一手拿著葡萄酒杯，一邊品嚐起司一邊談心。

絲線過度緊繃就會斷裂，若能適度放鬆，就不會繃斷。

不要太拚命，努力到一定程度就好。想做的事就做，不想做的事不要勉強。

即使身為妻子、母親，我也從來沒有任何一點犧牲自己的念頭。因此我才能巧妙保持自己的任性。

我所說的任性，指的不是公主病等自我中心的行為，而是一些小小的自我主張，能讓我們活得更像自己。妳必須思考自己想以一個女人、一個人類的身份「做些什麼」、「如何過生活」，而不是以為人母、為人妻的方向思考。當妳想清楚之後，才能表現自己的「任性」。

La plus grande chose du monde, c'est de savoir être à soi

——Montaigne

世界上最偉大的事，就是了解自己。

——蒙田

這是法國最具代表性的哲學家——蒙田的名言。據說法國人特別崇尚個人主義，身為法國人的我，覺得日本人體貼別人和團結一致維持和諧的想法，也有相當美好的一面，不過，若是一直只朝這個方向努力，就會被束縛得非常緊繃。建議各位可練習多以自己為優先。

或許各位在成長過程中接收到的訊息都是「不可以任性」、「老是說些任性的話會惹人厭」，但實際上，這些都不是真的。

我是個非常任性的人，有些人很喜歡我，才沒有人討厭我呢。而且，活得自由自在，自己就能開開心心，一直保持好心情。永遠面帶微笑、心情愉快的人，才不會被討厭。各位可以放心當個任性的女人。

任性會讓妳更幸福。

爲自己，
而不是爲別人
而活

Originale

不在意別人的眼光

法國的民意調查發現，比起二十多歲，四十多歲的女人「更喜歡現在的自己」。事實上，也有許多法國男人覺得四十多歲的女性最有魅力。

我想，這應該是因為四十多歲的女人，在不斷累積經驗，找到自我的過程中，精神也變得更強韌，而且精力充沛的緣故吧。相處起來感覺很刺激，這樣的人特別有吸引力。

「年齡愈大，愈是閃閃發光」，選擇簡約優雅的法式生活美學，會有這種結果是理所當然的。人會歷經的不只是刺激，還有許多的喜怒哀樂，了解人生的幽微奧妙，就會自我療癒。我想，有許多男性都認為「像大樹的年輪一樣具有寬廣深度」，這樣的女性非常出色。

不過，想過這種精力充沛又刺激的人生，有一個大前提，就是必須喜歡自己。

各位讀者喜歡自己嗎？

聽到這個問題時，我可以毫不猶豫地回答「喜歡」。

因為我遵循著自己喜歡的生活方式。

日本人非常在意「社會的眼光」，也就是別人怎麼看待自己。不過，真正重要的其實是自己。法國人尊重每個人的幸福，建議各位試著思考什麼才是自己喜歡的人生，而不是受人喜愛的人生。

不過，日本人具有重視「和諧」的文化，因此在這方面也有困難的地方。日本人喜歡團體行動，所謂「棒打出頭鳥」，和別人不一樣，或是不守規則的人，就會遭受強烈的批判。

我在日本生活多年，非常了解日本人很重視「必須和其他人採取一樣的行動」這件事。旅行的行程、參加派對的行動模式，還有許許多多其他的規範。對於自由隨性的我來說，有些地方確實比較難配合。

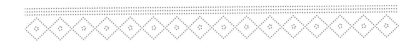

有些人會說自己很想隨心所欲，但就是做不到。

不過，家人反對或家裡有小孩所以做不到，這些理由，其實都是自己的藉口。只不過是自己砌了一座牆，一開始就決定這件事做不到而已。事實上，即使結婚了、有小孩、有工作，這些也不過是妳人生的一部分。我們沒辦法過別人的人生，只能用自己的腳走自己的路。

若妳在做想做的事、喜歡的事時感到幸福，就繼續做吧。不管是興趣、讀書還是工作，什麼都好。

Le plus grand secret du Bonheur,
c'est d'être bien avec soi.

——Fontenelle

幸福最大的秘訣，就是和自己好好相處。

——豐特內爾

保有女孩的純眞

Amusante

最強的夥伴就是自己

在獨處的時間思考時，和內心的「另一個自己」對話，就能更明確釐清自己的感受，將思緒整理清楚。

不管什麼時候，這個方法都很管用。開心時，和另一個自己分享喜悅。煩惱時，傾聽另一個自己的心聲。

前幾天，我因為連日工作，疲倦到了極點，當天晚上又有參加派對的計畫。於是我開口問另一個自己，究竟該不該參加這個派對。

「好累喔，今天的派對就不要去了吧？」

「真的嗎？去了可能會有新鮮又刺激的邂逅，好像很有趣呢」另一個我這麼說，我因此覺得「確實如此。不去就太可惜了，還是去露個臉吧」，於是整裝準備出門。

我會像這樣「自己和自己」對話。遇到令人生氣的事，忿忿不平時，另一個自己會安撫我「好了好了，別氣了」，傷心哭泣時，她也會告訴我「沒事的」，把我

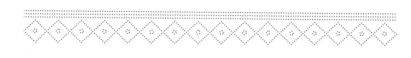

從無底深淵中拉起來。

另一個自己扮演著將我從負面方向拉回正面軌道的角色。

也就是說，妳最大的夥伴，不是家人，不是伴侶，也不是朋友，而是妳自己。如果連自己都否定自己，只是自掘墳墓而已。因此，遇到難過的事，遲遲無法振作時，妳大可以寵愛自己、安慰自己。問問自己「妳怎麼啦？」若是暫時想獨處，就給自己一段時間休息。想吃好吃的東西，就出門去吃。想認真自我反省，就認真反省。傾聽內心的聲音，就會慢慢了解自己想要什麼。

了解自己，她會成為妳最強的夥伴。

和「另一個自己」對話時，記得開門見山，說真話，不要掩飾真心，接著再來思考該怎麼辦。

不過，如果是遇到比較嚴肅的狀況，別忘了和值得信賴的人商量。我遇到這類情況時，會和妹妹討論。雖然她遠在巴黎，但只要一通電話，就能讓我恢復元氣，還能夠深入了解彼此的近況。

如果真的陷入煩惱，妳需要一個像這樣能陪妳討論的人，例如值得信賴的家人或朋友。

在妳內心深處的五歲小女孩

也別忘了另一個夥伴：妳內心深處的小女孩。

小女孩就是五歲的妳。她永遠是個小孩，像孩子一樣任性自我而純真。她就是妳的小女孩。

所以，她最喜歡開心的事。喜歡說話，看到可愛的東西就會深深著迷，尤其喜愛女孩子喜歡的，讓人開心的東西。

吃到好吃的甜點，小女孩就會很開心。看到好玩的書，小女孩也會很興奮。當然，她也非常嚮往甜蜜的戀愛，只要和喜歡的人四目相對，就會沈醉不已。

不論實際年齡幾歲，都要在心中擁抱這個直率自然的小女孩。別忘了在妳心裡有一個五歲的自己。

解放這個小女孩的方法，是做一些小孩會做的事，例如扮個鬼臉逗自己笑，或是躺下來翻滾，一邊大叫「好累喔！」一邊踢蹬雙腳。如此一來，那些工作時、或是和家人、朋友、伴侶在一起時不能展露的自我，通通可以解放出來。

一把年紀的女人還這樣瘋瘋癲癲的會不會像個傻瓜？

一點也不會。解放心裡的小女孩，才能讓妳永遠保持年輕。

Toutes les grandes personnes ont d' abord été des enfants.
Mais peu d' entre elles s' en souviennent.
——Antoine de Saint-Exupéry

不管現在多成熟，每個人都曾經是孩子，
但是，幾乎沒有一個大人記得這件事。
——安東尼·德·聖修伯里

與其「羨慕」
不如「嚮往」

Brillante

再次了解自己的特色

我在日本覺得相當不可思議的事情之一，就是大家常會把「真羨慕妳」這句話掛在嘴邊。

「往來巴黎跟東京之間，這種生活真令人羨慕！」

「妳臉好小喔，真羨慕！」

「妳的頭髮是柔軟的褐色自然捲耶，好羨慕喔！」

這句話是什麼意思？

每當我聽到別人對我說「真羨慕妳」，都會感到困惑。我之所以過著來往巴黎和東京之間的生活，不過是機緣巧合。雖然有人說我的臉很小，但是日本人身材嬌小，事實上她們的臉比我更小。頭髮也是，日本人的烏黑直髮可是美得不得了。

不過，我最驚訝的還是有人對我說「好羨慕妳出身巴黎」，真令我啞口無言。

「羨慕」有一個意義相似的詞叫「嚮往」，它的意思是受到自己心目中理想的對象吸引。而「羨慕」則帶有一點自卑的意思。我不喜歡這種拿對方跟自己比較，覺得自己低人一等的感覺。

人可能會因為別人長得漂亮、有錢，或是已婚而覺得羨慕。

羨慕這種情緒是無止盡的。

法國人不會說自己羨慕別人。因為我們並不真的覺得羨慕。她是美女、她很有錢、她已婚。事實只不過是這樣而已。別人是美女或很有錢，跟我一點關係也沒有。

老是連聲說「羨慕」的人，很快就會失去自信，幸福也會跑得遠遠的。

感到「羨慕」之前，何不先試著接受自己呢？認同擁有一頭烏黑秀髮的自己吧，其實，那就是妳的特色（originalité）。頭髮是黑色的，是東方人，不管妳喜歡什麼、討厭什麼，全部都是妳的特色。一點也不需要和別人比較，或是羨慕他人。

還有，笑容也是一種非常出色的特色。

妳的笑容，就是只有妳才能展現的最棒的特色。正如日本諺語所說，「笑能招福」。沒人會討厭笑容可掬的人。從今天開始，每天都帶著最棒的笑容開心過生活吧！

以自己的幸福
爲最優先

Heureuse

幸福的人，才能讓別人幸福

首先，妳必須先成為一個幸福的人。

法國人非常了解這件事的重要性。

日本與法國對幸福的定義正好相反。在法國，我們認為個人的幸福可以帶來大家的幸福。但在日本，因為有「以和為貴」的思想，因此大家的幸福才能帶來個人的幸福。

我認為有許多的日本女性，她們比起自己，會更優先考慮身邊周遭人的幸福。然而，這麼做會不會導致為了大家的幸福而犧牲自己，自我壓抑呢?她們很容易為了丈夫、孩子，忍耐不去做自己想做的事。

這樣下去只會不斷累積挫折感，整個人焦躁不已，相信周遭的人看到妳這副模樣，也不會好受。即使再怎麼忍耐，最後還是會因為壓力過大而爆炸，總有一天一定會撐不下去。結果只是彼此傷害，幸福也會愈來愈遠。

所以，即使別人說妳任性，妳也不必忍耐，請儘管去追求自己的幸福吧。當妳自己、妳的伴侶、家人、朋友，每一個人都獲得幸福時，才能真正讓周遭的人一起幸福。不管有沒有伴侶、有沒有孩子，不論妳想做的事情是興趣還是工作，儘管放手去做就對了。

即使有了孩子，還是偶爾想要和丈夫單獨約會。若妳有這樣的想法，就去實踐它吧！就算父母、親戚或朋友批評妳「不該丟下孩子」，妳所做的也不是壞事，不需要在意這些批評。做好托育計畫，就可以大大方方出門了。

在法國，即使家中有小孩，安排時間和伴侶約會，共度甜蜜時光也是非常理所當然的事。這段時間，法國人會把小孩托給保母照顧。這種做法並不限於生活富裕的家庭。法國人即使沒錢，也不會因此放棄愛情。我們會在有限的預算中安排保母或家庭清潔費用。打扮得漂漂亮亮，和伴侶一起去比平常去的餐館更高級的餐廳，盡情談天說地，傾吐愛意，一手拿著酒杯，開心享用美食。

追求自己的幸福，絕不代表「我行我素」。

法國確實是個人主義的國家。但是，樂於助人的法國人相當多。原因就在於這些人自己很幸福，因此也希望別人能一起幸福。參加志工活動是法國人日常生活的一部分，不用的衣服或玩具，我們也不會丟掉，而是透過各種NGO（非營利組織）捐獻出去。「無國界醫生」、「世界醫生組織」等NPO、NGO也是法國的醫師成立的組織。

法國人在路上看到遭遇困難的人，會上前詢問是否需要幫助，察覺身邊的人有事煩心，會親自傾聽對方的心聲。這些熱心的舉動，前提就在於我們自己很幸福。自己幸福，人的心裡才會感到從容自在，也才有能力讓別人幸福。

所以，請不要有所顧慮，先讓自己幸福吧！

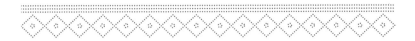

Il n'y a qu'un devoir,
c'est d'être heureux.

——Diderot

人只有一個義務，就是讓自己幸福。

——狄德羅

別害怕，
試著邁出第一步

Autonome

只需要雀躍的心情和一點點勇氣

和二十歲時相比，三十歲累積的經驗更多。四十歲時，經歷又比三十歲更豐富。我們會經歷、聽聞許多事物，進而成長。

邂逅許多不同的人，彼此談話，一起歡笑。

經歷十年、二十年的累積，人會慢慢了解自己。

了解自己適合穿什麼衣服、了解什麼樣的人適合當朋友、了解什麼樣的人生才適合自己。如此一來，人生就會愈來愈快樂。因此我認為年齡增長會讓人快樂。

經驗愈多，能用愈優美的姿態增長年紀。能夠讓我們獲得這些經驗的，不是別的事物，而是好奇心。好奇心能帶給我們非常美妙的經驗。

我在法國巴黎的第四大學取得應用外語碩士學位後，前往德國留學。之所以會選擇留學，是因為可以拿獎學金，所以非去不可。

從德國回來後，我開始在巴黎政治學院唸書，之後趁著實習的機會第一次造訪日本。其實，當時我可以從德國、泰國和日本三個國家中選擇實習地點，德國我已經留學過了，泰國則是渡假時去過，只有日本是還沒探訪過的國家。而且，實習結束後只需要提出報告，我就這樣懷抱「我要去日本了！」的雀躍心情來到了日本。

來到日本後，我對這個國家一見鍾情。不過，當時我連想都沒想過要長住日本。起先是寄宿家庭的家人開玩笑說「朵拉，妳去當ＮＨＫ的法語會話講師嘛！」法文是我的母語，我對這份差事也很感興趣，就真的翻開電話簿打電話到ＮＨＫ。雖然對方對我確實有興趣，但下一位講師已經找到了，因此ＮＨＫ並沒有馬上錄取我。

之後我回到巴黎，又到紐約就任聯合國的工作，後來ＮＨＫ的製作人請我上他們的節目，我就真的成為「法語會話」節目的講師，再次回到日本，接著一路走到現在。

前面這段看起來好像是我在自吹自擂自己的經歷，事實上並非如此。

我的選擇其實有相當大的風險。當時我隻身一人來到日本，NHK的工作或許一年之後就會結束。不過，我的好奇心和躍躍欲試的心情讓我做了這個選擇。嘗試過但失敗了，也是一種不差的結果。

挑戰新事物才能讓人累積經驗。失敗不是什麼大問題。

我認為目標和努力就像是一場棋局。即使再怎麼努力，我們還是不知道自己能不能達成目標。既然如此，抱持著好奇心和興趣這種躍躍欲試的心情，加上一點點勇氣，嘗試新的挑戰，不是就能得到經驗這種珍貴的寶藏嗎？

之後，因為NHK的電視節目造成的機緣，至今我仍然住在日本，透過電視、報紙、雜誌等媒體，還有演講、主持等活動，擔任日本與法國之間的橋樑，每天都過著忙碌的日子。

頗受法國人歡迎的電影導演伍迪・艾倫說過這樣一句話。

80 % de la réussite,
est dans le premier pas.

——Woody Allen

80％的成功，在於開始的第一步。

——伍迪・艾倫

先試著輕輕踏出右腳，邁出第一步吧！接著就可以飛向未知的新世界了！

猶豫不決時，
按照自己的喜好
來決定

Volontaire

做好決定就不要再回頭

人生最困難的事情之一，就是選擇。

即使煩惱到前一刻，只要做下決定，就必須繼續向前走，不要再回頭。這種乾淨俐落的人生態度，會讓人散發凜然英氣。

我決定以NHK節目「法語會話」講師身份來到日本時，必須在三個選項中做出選擇。

一個是繼續從事聯合國相關的工作。

另一個是從事義大利法務部長介紹的工作。

最後一個是再次回到日本，參與NHK「法語會話」節目。

我該怎麼做呢？

當時我曾經相當煩惱。我對日本一見鍾情，心裡當然想去日本。但是，NHK的職缺既不是全職工作，還有簽約一年的條件。當時是一九九二年，日本經濟剛剛經歷泡沫化，但以全球狀況而言，日本物價和日圓仍舊相當貴。我沒有房子，單身一人前往日本實在相當不安。而且還完全不會日文，會說的日語只有一句「沙喲娜拉」。

每當我說起自己的經歷，總有人覺得我是個「好奇心旺盛，自由自在又任性的法國人」。

確實，我是個任性隨興的人。不過，該做的工作和事前準備，我都會全部做完。當然也會計算正面和負面影響，考量風險，理性分析眼前的事物。

即使如此，有時還是會找不到答案。這時，我就會傾聽自己內心的聲音。

我真的想做這件事嗎？
我真的喜歡它嗎？

誰都不知道人生接下來會發生什麼事

最終我選擇來到日本，是因為我覺得自己和日本人有許多地方心心相印。法國人多半會著重於邏輯思考及陳述意見。日本人則更強調情感，注重直覺。往來日本與法國，在邏輯與情感間取得微妙的平衡，也是令我感到愉快的原因之一。

下了決定之後，我就會一路勇往直前。決定要來日本以後，我就下定決心要全心做好「法語會話」的工作。不過，當時的我幾乎完全不懂日文，但是既然已經下了決定，只好鼓起勇氣。我現在還清楚記得，第一天收錄節目時，滿是工作人員的巨大攝影棚真的好可怕，攝影機太多了，我根本不知道該看著哪一台說話，內心焦躁不已。

結果，原本只簽了一年約的節目講師，我卻連續當了五年。之後藉由一起主持「法語會話」的M老師介紹，我得到了慶應義塾大學湘南藤澤校區專任講師的工作。

回想起來，參與這個電視節目，正是將我和日本連結起來的重要機緣。

誰也不知道人生會在哪裡用什麼樣的方式轉彎。

人生就是一連串的抉擇。

一旦下了決定，就要全神貫注。在迷惘煩惱後做出抉擇，就不要再回頭。妳下的決定，一定會帶妳往未來前進。

「沒做過」的事情請先「試試看」

Personnelle

墨守成規是思考的僵化

我們必須時時挑戰新的事物。試著去做沒做過的事，各位不覺得新挑戰很棒嗎？

有些人會說「這件事我從來沒做過，所以辦不到」。當別人委託妳做和平常不一樣的工作，或是朋友邀妳一起嘗試他正著迷的嗜好，若是以「從來沒做過，所以辦不到」為理由拒絕，等於是辜負了難得的全新挑戰。這份工作妳究竟能不能完成，這個興趣是否適合妳，都要等嘗試過後才會知道。如果能改變自己的想法，告訴自己「沒做過的事情就先試試看！」妳能做的事就會慢慢變多，也能活得更積極、更自由自在。

日本三一一震災後，發生了一件事。

許多人因為這場災難而去世，我因此大受打擊，暫時回了一趟巴黎。當時我的新書剛剛發售，有一本雜誌想介紹這本書，因此預計在東京拍攝我的照片。

但是，當時是非常時期。我人在巴黎，無法立刻回到東京。

因此我拜託編輯「我有很多已經拍好的照片，可以用電子郵件寄給你，請你挑一張用」。編輯給我的回覆如下。

「朵拉小姐，對不起。主編說不行。我們從來沒試過這種方式……」

「咦……？」

即使是震災過後這種特殊情況，他們還是告訴我「以前沒試過，所以不行」。各位不覺得這很奇怪嗎？

為什麼日本人會這麼堅持依照舊習慣行事呢？

我當然也了解這件事牽涉到對方公司內的事務，不過，如果編輯感到有疑問，應該可以確認一下使用現成的照片究竟會造成誰的損失吧。即使以前從來沒試過，嘗試過後說不定會發現「不需要使用特地拍攝的照片」，今後工作起來也更有效率。

我非常喜歡日本，但墨守成規實在是日本人的壞毛病。在特殊情況下，日本人根本無法下任何決定。這真的很可怕。未來將會出現許多無法按照工作手冊操作的情形。工作手冊令人感到安全、安心的時代已經結束，我們不能沒有更靈活變通的思考方式。

固執遵守前例，會讓人無法擺脫陳舊的思考方式，也就沒有餘力採用新的想法。這就等於思考的僵化。請各位試著從「一定要這樣、應該那樣」的僵硬思考中解放，以成為一個具備多元觀點的人為目標。

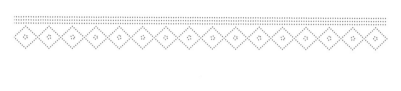

獨處就是
面對自己

Solitaire

獨處是為了放鬆心情

孤獨──

翻開辭典，會發現這個詞的解釋是「沒有同伴和親人，孤身一人」，或是「沒有一個可以傾訴心中想法，心靈相通的對象，感到孤單寂寞」等等。

這些確實是「孤獨」的定義。不過，法國人心中的「孤獨」，其實是刻意製造獨處的時間。一個人獨處時，就能夠回頭審視自己。當「自己面對自己」時，就能解放工作，展現和家人、朋友、伴侶在一起時很難表現出來的部份。「孤獨」可以放鬆充滿壓力的心。

像是日產汽車的CEO卡洛斯．戈恩（Carlos Ghosn）雖然日理萬機，工作非常忙碌，每天還是會安排時間獨處。正因如此，他的工作才能順利進展。每天被時間、工作和繁雜的家庭事務追著跑的人，更應該努力保有獨處時間，好好充電。

「孤獨」還有另一個效果，就是和周遭的人保持舒適的距離。我雖然喜歡和別人相處，但是不管是家人、情人或是好朋友，就算是再親近的人，彼此距離靠得太近，就會變得無所顧忌。藉由一人獨處，修復自己的心靈，我們才能以煥然一新的心情面對別人。

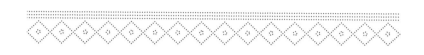

一人獨處的時間該怎麼渡過呢？

我會擦上喜歡的香水，或是點燃薰香，營造能夠放鬆的環境，然後放空腦袋。什麼事情也不想的時候，有時反而會浮現不錯的點子。

我也建議各位試著打坐。法國現在非常流行打坐。前陣子一位迷上打坐的法國電視節目製作人教我如何打坐，我嘗試過後，覺得心裡的雜念一乾二淨，感覺非常舒服。除了打坐，還可以試試看冥想。只要在安靜的房間裡盤腿，雙手互握，靜靜閉上眼睛，就能感到神清氣爽。

一個人在咖啡店或酒吧悠閒渡過也不錯。和法國比起來，日本有許多女性也可以獨自前往的地方。在鬧區，一個人走進店裡也不會讓人覺得奇怪。

巴黎可就沒辦法這樣了。一個人走進咖啡店或小酒館，馬上就會被男客搭訕，雖然還不到完全無法靜下心的程度，但實在很難有可以獨自一人思考的氣氛。

相較之下，日本有許多可以一個人利用的酒吧和咖啡店。各位可以盡情享受這些日本的好處，靈活運用獨處的時間。

試著離開人群

Indépendante

面對孤獨

獨處是人生必要的功課。

無法享受孤獨的人，不算是真正自由的人。

我非常想念家人時，也會感到孤獨寂寞。尤其是五年前，高齡九十九歲的祖母去世前，她是非常寵我、疼我，關心我的長輩。聽說祖母很想見我，我實在很想立刻飛奔回國。

然而，人生就是包含這種寂寞在內的「滿漢全席」。

這樣一想，我就會覺得自己的人生非常值得珍惜。

現在這種往來巴黎與東京的生活，是我自己做的選擇。即使有時會感到寂寞，有時也會苦悶憂愁，但這些也是人生的一部分。感受這種情緒，不但能讓我待人處事更溫柔，也會讓我的人生具有更高的層次。

另一方面，也有許多人無法面對孤獨，盡可能想避免一人獨處。因為不和別人在一起就無法安心，即使和伴侶生活得並不順利，或是和其他女性朋友處不來，心裡還是會覺得和他們在一起總比獨自一人來得好。就算待在一起並不愉快，但他們更害怕被團體或朋友排擠。

但是，和別人在一起真的就能避免孤獨嗎？事實並非如此。有許多人雖然有朋友，有家人，已經結婚生子，總是和別人待在一起，還是覺得自己孤獨寂寞。

每個人打從出生開始就是一個人。其實，這件事也輪不到我來說長道短，在《佛說無量壽經》裡就有這麼一句話。

人在世間，愛欲之中，獨生獨死，獨去獨來。

這句話的意思是，人類雖然被禁錮在世間行列中，但獨自出生，獨自死去，獨自前來，獨自離開，在痛苦和快樂的世界中出生。

打從出生時，我們就是一個人。換句話說，沒有任何人可以取代我們。因此偶爾必須從人群中離開，好好疼愛無可取代的自己。

接受自己是孤獨一人這件事，寂寞和孤獨就會消失得無影無蹤。

幽默感讓
人生更輕鬆

Drôle

情況越艱難，幽默感越能幫上忙

法國人非常喜歡幽默。法國人的對話是由幽默（humour）和挖苦（ironie）交錯穿插而成的。這是我們從小就養成的習慣。法國人知道幽默可以炒熱現場氣氛，緩和嚴肅的感覺。即使別人說出毫不留情的尖銳話語，有了幽默的幫助，我們便能一笑置之。

我要回巴黎時，常對大家說「我現在要走路回巴黎。」法國人聽到這句話都會微笑說「一路順風」，回敬我一句玩笑話。日本人卻會真的吃驚地問我「咦，朵拉小姐，妳是說真的嗎？」

以前還發生過這種情況。我說「我每天都吃蟑螂」，對方露出一副退避三舍的表情說：「咦！是、是這樣嗎……」反而讓我大吃一驚。我怎麼可能會做這種事嘛！

因此，我剛來到日本時，拚命記住的三個日文單詞是「謝謝」、「再見」和「開玩笑的」。我花了三個星期，天天默念這三個句子。因為我真的很常必須說「開玩笑的」來訂正自己的發言。不過，每次說出這句話，我都覺得非常失落。

法國人遇到愈艱困的狀況，愈會用幽默感來減輕壓力。碰到有人錢包掉了，就會開玩笑說「那你的行李變輕了耶！」瞬間舒緩緊張的情緒。這是非常重要的生活方式。

法國人的笑話和日本搞笑藝人的故意搞笑不一樣，是在日常生活中加入各種笑點，這就是法式幽默。

還有一種挖苦，和幽默感覺類似，但帶有一些諷刺的意味。原本就想要批評對方時，法國人會故意瞄準對方的弱點攻擊。舉例來說，法國人會對只喝一杯葡萄酒就醉倒嘔吐的人說「你酒量真好」。即使是我，偶爾也會對這種表達方式感到疲乏。法國報紙的諷刺漫畫也相當有名，這就是法國人有趣的地方之一。

在對話中加上幽默和挖苦，可以製造出「空隙」，讓彼此的心情更加從容。在異文化衝突較多的多民族社會，幽默是豐富多元的溝通方式之一。

幽默能為人生帶來笑聲，愈是艱難的時刻，愈能減輕壓力，是一種非常棒的溝通方式。

在日常生活中增添些許歡笑，能讓人永保年輕。

Chapitre 2

永遠當個女人

巴黎女人
非常在意別人
怎麼看自己

Féminine

法國女人絕不駝背

巴黎女人知道別人正在注視自己。

受到他人注視的人最美麗。像是模特兒和女演員等受人注目的職業，都會愈來愈漂亮。這是真的。

注意到別人正在看自己時，女人才會表現出自己的美。別人的眼光，會讓女人開始注意自己的魅力所在，並下意識調整自己的走路方式，還有細微的小動作，以展現自己的美。

談話時優雅地交換交叉的雙腿，改變姿勢，可以讓自己看起來更有魅力。雖然只是小細節，但這些動作是能夠襯托女性美的最佳技巧。

這些技巧可以讓妳對自己的魅力具有自信，更能散發自信的光芒。

巴黎女人即使到六十歲、七十歲，年齡愈大，愈會注意「別人怎麼看自己」。

正因如此，巴黎才會有許多年近六十歲，依然時髦迷人，令人想奉為模範的女性。

前幾天，我在巴黎咖啡店的露天座位看到一位正在喝咖啡的七十多歲女性。她穿著灰色的洋裝、黑色高跟鞋，臉看起來沒有妝感，但紅色的唇膏和指甲非常耀眼。髮型是將白髮燙捲，自然地用髮夾夾起來，全身散發出難以言喻的魅力。

更另我驚訝的是她站起來走路的姿勢。真是個令人不禁回頭再看一眼的「儀態美人」。她走路時背脊筆直，鞋跟發出扣、扣的聲音，英姿煥發。

姿態就像一件優雅的禮服

沒錯。法國女人知道別人怎麼看自己，因此每個人姿勢都很漂亮。我幾乎從來沒看過駝背的法國女人。即使是上了年紀的人，多半也都挺直著背脊。

姿勢和走路的方式都是「自己」的一部分，因此法國人不會駝背。

不駝背的秘訣非常簡單。必須鍛鍊身體。大腿內側、腹肌、胸肌、背肌，不強化這些支撐脊椎的肌肉，人就會駝背。最簡單又輕鬆的運動就是走路。每天都可以做到，也不用花錢。

來過巴黎的人都知道，巴黎市有許多石階。有些地方還有大量細微的高度差、坡道、階梯。我認為法國或許是全世界最難拉著行李箱走路的國家。

我的朋友看到巴黎的日本觀光客，對我說「姿勢糟糕的日本女人真多」。低著頭，雙腳拖沓，在日本這種姿勢並不顯眼。但在巴黎的街上就會特別引人注意。這種姿勢看起來欠缺自信，令人感覺不到優雅和颯爽的英氣，相當吃虧。

先從走路的姿勢開始改變吧！面帶笑容，堂堂正正地挺直背脊，抬起頭，筆直伸出雙腿，颯爽邁出腳步！

美麗的姿態就是最優雅的禮服。請展現充滿自信和魅力的迷人姿態。

要記得，別人一直都在注視著妳。

女人終其一生
都要性感迷人

Séduisante

翹腿是巴黎式的性感

注意表現出「性感的自己」。

這是隨著年齡增長，絕對需要的功課。

對法國女人來說，表現性感是非常天經地義的事。

不過，性感有許多不同的種類。法國人的性感是什麼呢？

那就是「不經意間流露」的性感。

不是強調迷人的身材曲線，或是賣弄風情、穿著暴露。性感不是刻意表現給別人看的東西。

沒錯，性感必須優雅自然。

首先是腿。腿也有自己的表情。跟粗細、長短無關。坐下時，與其端莊地併攏雙腳，不如翹腿並交換雙腿的上下位置，能夠讓腿部有更多不一樣的表情，也是巴黎式的性感。光靠雙腿交叉的方式就能給人不同的印象。

還有一點，我無法相信夏天穿裙子時竟然會有人穿絲襪！這種穿搭真的非常要不得。夏天根本不需要絲襪。對法國人來說，夏天裸露雙腿是理所當然的。這不是少女的特權，而是所有女人的特權。因此法國人不管到幾歲，都不會忘記除毛。露出整理得乾乾淨淨的小腿，展現魅力，是法國人的規矩。

我認為這是一種「到死都要當女人」的氣概。即使為人妻、為人母，我們永遠都要當個女人。只要意識到這點，就一定會思考怎樣才是充滿女人味的自己，也會積極讓自己看起來更性感，更有魅力。

將自己的魅力集中在一點

更有女人味、更性感的第一步，就是思考自己身體的哪個部份看起來最有魅力。

胸部、胸口、後頸、肩膀，選擇的部位因人而異。

重點在於，選擇「一個部位」就夠了。秀出乳溝，又強調後頸，還露出雙腿……這種打扮會太過火。今天穿上V領T恤露出漂亮的胸口，明天綁起頭髮，不經意地露出後頸。臀部曲線漂亮的人可以穿上長褲。如此一來，每天都可以享受不同的性感風情。

決定好一個今天的穿搭重點，接著就要想該怎麼展現。巴黎風格的自我表現方法是「動作」。例如翹腿時交換上下雙腿，改變身體的方向，撩起頭髮等。有各種不同的方法可以讓身體各部位產生不同的表情。請各位一定要試試看。

法國女人也很重視內衣褲的穿著，會根據不同的狀況區分用途，平常穿棉質或運動型，約會時則換上緞面或絲質內衣。同樣是絲質內衣褲，剪裁是普通款或丁字褲也是值得考量的重點，黑色、白色、紫色、粉紅色等不同顏色，穿著給人的印象也有很大的差距，必須特別注意。

巴黎市內有許多內衣專賣店，許多巴黎女性都會偶爾前往自己喜歡的店家逛逛。

有時會一個人去，有時也會和伴侶一起去買。這些店面都相當開放，即使男性出現在女用內衣店也不會特別引人注目。

我通常會在感到有氣無力時去買內衣。感到沮喪低落時，我常會走進內衣專賣店。買了新的內衣，就會產生「繼續加油」的心情，真的很不可思議。

女人需要
小小的奢侈

Belle

按摩是身體的維修保養工程

保持年輕的秘訣，在於即使人生並不在最理想的狀態，依然面帶微笑。不過，若是心靈不健康，身體也會出問題。身體不健康，心靈也會變脆弱。我偶爾也會有充滿負面能量的時候，會莫名其妙地感到不安、焦躁、煩悶和後悔。

感覺到這些負面情緒時，該怎麼辦呢？我會立刻出門，去美容沙龍放鬆、保養身體。

最快的方法就是按摩。我會到住家附近自己喜愛的按摩沙龍，用指壓緩解全身的肌肉。按摩僵硬的身體後，會覺得平時累積的壓力、飲酒過度造成的循環不良和工作的疲勞，這些負面能量彷彿都被沖洗得一乾二淨。

按摩前後的差距，任誰都可以一眼看出來。肌膚變得更有光澤，表情變得開朗，眼睛的疲勞也恢復了，雙眼炯炯有神，腳步輕快許多。身體舒展開來以後，心靈就會跟著放鬆。

Il faut soigner le corps
pour que l' âme s' y plaise.
—Saint François de Sales

我們必須保持肉體健全，才能滿足靈魂所需。

——聖方濟各．沙雷氏

在法國，美容沙龍有相當悠久的歷史，但一直到幾年前，按摩還是色情行業的代名詞，完全沒有女性可以利用的按摩店。最近終於開始出現正常的按摩店，相較之下，日本的按摩店比法國多出許多，也有很多優秀的按摩師傅。價格相當合理，可以輕鬆前往，也是一大優點。附帶一提，指壓按摩現在在國外也相當受歡迎。

說句題外話，大家常說日本人和伴侶之間少有親密接觸，但卻可以讓不認識的人按摩，觸碰全身。我想，這大概是一種「日式矛盾」吧。法國人和伴侶之間的親密接觸雖然多，但很多人都對按摩這種碰觸身體的行為有抗拒感。

保養身體的方式，除了按摩以外，還有針灸、美容做臉等等。

保養心靈則是做一些讓自己心情愉快的事情。例如換個新髮型、做美甲或是腳部護理等等。

還有，好好睡一覺。這是保持身體和心靈健康的秘訣。

即使有負面情緒，只要好好睡一覺，通常隔天就能恢復神清氣爽。睡了一晚之後，有時就能發現自己昨天為何會心煩意亂的癥結點。與其耿耿於懷，煩惱到深夜，不如乾脆去睡覺。

每天都有許多不同面向的自我，不過，只要嶄新的早晨來臨，就是一次新的人生開始。昨天的我，今天的我，明天的我，都是不一樣的。

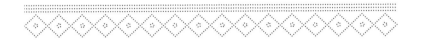

藉由美容保養放鬆自己，是女人的特權。保有好心情，能讓妳變得更美麗、更迷人。

有些時候，女人就需要一點小小的奢侈。

混搭比名牌
更有魅力

Elégante

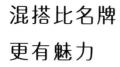

適合自己最重要

巴黎女人不會用全身名牌來打扮自己，但是一定會散發特別的韻味，魅力十足。

香奈兒（CHANEL）、迪奧（Dior）、ＹＳＬ聖羅蘭（Yves SAINT LAURENT）、紀梵希（GIVENCHY）……法國有許多高檔名牌。這些名牌的店面當然都非常出色，內部裝潢也是世界最高等級。不過，許多巴黎女人擁有的名牌貨，只有一個母親送的香奈兒包包。附帶一提，其實我很少看到法國人拿ＬＶ（LOUIS VUITTION）包包。

一手打造這些精品名牌的時尚設計師，都是從十九世紀後半就活躍於世界的頂尖上流階層。為什麼他們能活躍在全世界的舞台上呢？因為他們發起革命。透過流行，改變了女人的生活方式與身體，建構了嶄新的時尚風潮。因此，我們才會敬重可可．香奈兒與克里斯汀．迪奧，將他們視為創造者而非精品名牌。

法國人非常喜愛流行。不論男女都對時尚很敏銳，打扮入時也是相當理所當然的事情。因此，法國人很尊敬優秀的設計師，但並不會因此購買名牌。

法國人最重視的是商品是否適合本人。因此巴黎女人不管到幾歲，都一樣閃耀動人，且擁有全世界女性矚目的流行與生活風格。

「新品×舊貨」「高檔×平價」混搭風

說到適合個人風格的時尚，其實不需要把它想得太困難。

首先，先放下「穿這種衣服，會被人家說裝年輕」等等顧慮，穿上自己喜歡的、想嘗試看看的服飾。

巴黎女人購買衣服的地方，真的千變萬化。有些人會巧妙地在不同的店家買衣服，有時候在二手衣店或假日市場買T恤、長褲，有時則到精品店買喀什米爾毛衣等。

而巴黎女人的穿搭風格也很隨性，比如以 UNIQLO 或 H & M 等平價品牌，約千元日幣的T恤，搭配母親送的高級名牌外套。只要自己覺得好看，不管是古董衣店或網購，巴黎女人都會靈活運用。

也就是說，巴黎女人特別擅長混搭。會利用「新品×舊貨」「高檔×平價」的方式搭配服飾。

搭衣服時，最容易大意的是腳上的鞋子。挑鞋子更需要慎重。巴黎女人會不斷試穿，直到自己覺得「就是它了！」才會購買。買鞋子就是在挑選自己的壓箱寶，因此絕對不能妥協。有些人只會目視觀察自己試穿鞋子的腳，這是不行的！一定要照鏡子看全身。照鏡子非常重要，可以觀察全身的平衡感和給人的印象。別人看妳時，可不會只看鞋子，而是看到整體。這一點絕對不能忘記。

流行時尚從頭到腳都不能鬆懈。不論多麼出色的打扮，若是搭了一雙差強人意的鞋子就前功盡棄了。落落大方的步行需要一雙絕對適合自己的鞋子。鞋子若是不合腳，就無法充滿自信地踏出步伐。

仔細思考，確實觀察，才能了解什麼樣的東西適合自己。

簡約典雅
是一輩子實用
的穿衣風格

Chic

不要隨波逐流

巴黎女人年紀愈大，愈了解自己適合的穿衣風格，她們明確知道哪些衣服自己穿起來最美。確立「自我風格」，時尚品味就會愈來愈精粹。

不過，她們的打扮絕對不是奇裝異服。許多人都是穿一般的女裝上衣搭配長褲，或是一件簡單的洋裝再披上短外套，將日本人的衣櫃裡也有的簡約服飾巧妙搭配出時尚造型。

巴黎女人的衣櫃，以黑色或白色等基本色系的襯衫、針織衫、裙子、洋裝佔壓倒性多數。接著則是米色。偶爾有粉紅色或橘色等較有特色的色彩。

這種穿衣風格，就是我最重視的「簡約典雅」。簡約的意思，是「不刻意、不浪費」。「典雅」則是「高雅洗練」的意思。我所認為的典雅，是以簡約為基礎，加入優雅感或其他元素，或是故意「破壞」整體感，增添些許玩心。

簡約典雅這個詞本身是我自己創造的，但我相信巴黎女人的內心一定有相近的思考方式。

簡約典雅的極致是什麼？非常簡單。

1 不花時間

2 不隨波逐流

只要做到這兩點就夠了。

妥善利用時間的方法非常重要。必須先決定本日造型的主角，再開始搭配服飾。決定好妳的穿搭重點，例如今天的主角是這件禮服、這條首飾或這雙鞋子，之後，再配合主角來挑選其他服飾，搭配衣服就像玩遊戲一樣令人開心，是女性才能享受的幸福小遊戲。

衣櫃就是妳的嚴選服飾店

不隨波逐流，盲目跟隨流行，便不會有「明年就不能穿的衣服」，這點也相當重要。當妳的衣櫃裡都是嚴選的服飾，不僅穿什麼都非常適合，也不會讓人覺得過時。簡約典雅的秘訣，在於必須蒐集專屬於自己的一生良伴，不要拘泥於價格。

注意流行風潮當然不是壞事，但巴黎女人會萃取其中的精華，追求具有自我風格的時尚。

我搭配服飾時，會以「黑×白」、「灰×白」等兩種顏色為基礎，避免身上超過兩種顏色，否則會顯得太過繁雜。接著，我會在脖子上輕輕圍上一條亮色系的玻璃紗絲巾，或是在戒指、太陽眼鏡、手錶、帽子等配件中選擇幾樣，用配件來搭配不同的變化。

簡約典雅就是像這樣，用華麗的首飾搭配簡單款的衣服，達到畫龍點睛的效果。

穿上正式的套裝，就搭個普普風戒指，既不會太死板，也不會太隨便。搭配衣服時，就是要盡情享受這種調整不同風格的樂趣。這是一種從今天就可以開始嘗試的簡單時尚穿搭法。

我生在巴黎，長在巴黎，從小就看遍大人的簡約典雅打扮，從中學習自己的時尚風格。我絕不會忘記如何思考適合自己的服飾和整體造型，展現簡約的優雅。

姿勢比節食更重要

Parisienne

不要克制食欲和想穿的衣服

隨著年齡增長，和年輕的時候相比，外表會漸漸產生變化。斑點和皺紋增加，若睡眠不足，或是太過忙碌，肌膚狀況就會變差，也不容易瘦下來。

不過，變化並不是壞事。我認為身體會產生變化是沒辦法改變的，一點也不需要為此而消沉低落。

請試著照照全身鏡。鏡子裡面照出來的妳是什麼模樣呢？

我比以前胖了一點。前幾天，我甚至買了第一件日本製的束褲。不過，雖然我一直和身邊的人嚷嚷「一定要減肥」，但我真的很愛吃，一不小心就會吃太飽。享受美食是我人生的一大樂趣，雖然有時會考慮減重，但我完全沒有忍耐不吃飯，拚命節食的打算。朋友們也都知道我就是這樣的人，當我開開心心又吃又喝時，大家都會含笑看著我。

隨著年齡增長，即使是體型偏瘦的人，也會感覺到手臂變粗、下半身變胖，臀部下垂等變化。發生這種狀況時，就把它當成重新思考「怎樣穿著打扮最適合自己」的機會吧！

千萬不要為了保持身材而過度節食。法國人最討厭克制自己不去吃想吃的東西。也不可以忍著不去穿想穿的衣服。

經常照鏡子，好好下功夫打扮吧！前幾天，我穿上一件自己很喜歡的黑白洋裝去工作，洋裝的裙長只到膝上。我覺得「好像有點太短」，不過，搭上黑絲襪之後腿看起來變細了，整體造型也很平衡，大受好評。服裝搭配只要肯下功夫，就不會有問題。

姿勢正確，就會優雅迷人

日常生活中安排一些小小的運動，能讓身材保持纖細窈窕。

我以前都搭計程車或電車，最近則開始騎自行車。天氣暖和時，騎自行車非常舒服，又能當作運動。我居住在日本神樂坂地區，名副其實，有很多坡道。不過，在坡道上騎車剛好可以運動，還能順便省錢。法國女人可是會用聰明的小方法提昇女性魅力的唷！

比起節食，享受美食、開心運動，才是最棒的瘦身方法。

瑜伽、有氧舞蹈可以讓女性更美麗。除了身體，瑜伽還可以保養心靈。學習有氧舞蹈和芭蕾舞，能夠保持漂亮的姿勢，是非常棒的運動。姿勢良好，就能自然展現修長的頸脖、堅挺的胸部、平坦的小腹和緊致的臀部。走路的姿勢也會優雅迷人。此外，舞蹈還可以幫助自己尋找「美麗的方式」。藉由美麗的舞蹈，找到具有美感的身體動作。與其為了完美的身材曲線犧牲享受美食的樂趣，不如藉由美麗的姿勢和動作修飾身材。不僅如此，這種方式還可以幫助妳找到更適合自己的穿著風格。

總有一天，當妳站在鏡子前，會覺得「今天的我打扮得很適合自己」，進而掌握這種愉快又舒適的感覺。

不擦香水的女人
沒有未來

Sensuelle

瞬間轉換心情的魔法水

香水的香味會因為每個人的肌膚而產生變化。因此，就算是同一款香水，在不同人的身上也會是不同的香味。舉例來說，我平常擦的香水是YSL聖羅蘭的Yvresse。我自己不管穿什麼衣服，只要擦上這款香水，就會顯得有模有樣。不過，當別的女性擦上同一款香水，有些會給人俐落帥氣的印象，有些則會顯得冷靜沉著。香水真的非常有趣。對法國人來說，香水就是時尚的一部分。

香水有一個很大的功用，就是在一瞬間轉換人的心情。

香水有花香調、辛香調、柑橘調、東方香調……等各種不同的香氣。日本人似乎不太有擦香水的習慣，建議妳試著收集幾瓶香水，配合每天的心情擦上不同的香味。巧妙利用香水，開心渡過每一天，可以讓我們不論幾歲，都保持在理想狀態。

Une femme sans parfum est une femme sans avenir.

——Coco Chanel

不擦香水的女人沒有未來。

——可可．香奈兒

其實我並不需要特地引用可可．香奈兒的這句名言，對法國女性來說，香水本來就是日常生活不可或缺的重要事物。香水就像早上起床要洗臉、吃早餐一樣，是絕對不可少的東西。這種感受，可能和日本人稍微有所不同。不過，法國人幾乎每個都會擦香水，因此搭乘滿是乘客的地下鐵時，各種香味混雜，會令人有點難受。

香水按照香氣的持續時間，也就是濃度由高至低分為香精（Parfum）、香水（Eau de Parfum）、淡香水（Eau de Toilette）及古龍水（Eau de Cologne）。最好用的是香水，它具有接近香精的濃度，但價格比較便宜。較持久的香水，香味可以持續約半天。

與繽紛香氣一起渡過人生

我收藏的香水約有二十種。基本上會按照當天的心情決定要擦哪一種。有些人只用一種香水，而且持續使用數十年。可以說是和香氣一起渡過人生。至於我，則是喜歡經常變化花樣，使用各種不同的香水。不過，對香味的偏好也會隨著年齡改變。以前我比較喜歡果香調，最近減少得最快的香水則是辛香調。

我也會按照不同情況選擇香水，例如工作時擦上清爽的柑橘調，晚上約會時選擇性感的東方調……等等。隨著四季使用不同的香味也很棒，夏天擦花香調，冬天則增添一些甜蜜的香氣。有時也會因為天氣晴朗或下雨而選擇不同的香水。

不過，我最重視的還是當天的穿著打扮。穿得低調沈靜時，我就會故意擦上甜蜜的花香調香水，打扮得華麗耀眼時，就會選擇冷靜的柑橘調，把香水當成增添自我風味的調味料使用。

喪失自信，無精打采時，我會擦上ＹＳＬ聖羅蘭的 In Love Again 或 ANNICK GOUTAL 的 VanilleExquise。甜美的香氣令人倍感溫暖。迪奧的 Diorissimo 也不錯。Diorissimo 是克里斯汀・迪奧親自設計的香水，於一九五六年發售以來，一直是長銷熱賣品。這款香水散發鈴蘭清純的香氣，具有療癒功效。

想展現自己的女人味時，建議各位嘗試迪奧的 Miss Dior 或嬌蘭（GUERLAIN）的 La petite Robe noire。Miss Dior 的香水瓶洋溢著高級感，還有可愛的蝴蝶結，香氣優雅，氣質高貴。不過甜的花香調，不會令人感到厭倦，可以長期使用。La petite Robe noire 則散發具有華麗感的香味。

香水是能讓女性瞬間美麗加分的魔法水。

希望各位能像品味時尚穿搭一樣，享受使用香水的樂趣。

用五分鐘化好妝

Naturelle

唇膏是女人的開關

法國女人會化「裸妝」。

所謂裸妝，不是完全不化妝的意思，而是妝容看起來非常自然。

平常，法國女人會塗上防曬乳，再擦上眼影或唇膏。光是這簡單的幾個步驟，就可以打開「女人的開關」。巴黎女人會用五分鐘快速化完妝就出門。既然如此，為什麼全世界都覺得她們看起來非常時尚呢？

其實是因為，法國女性心裡一直記得別人會注視她。因此，她們非常清楚該如何用簡單的化妝步驟讓展現自己的美麗。

法國人輪廓很深，有一對清楚的雙眼皮。當然，有些人會仔細化眼妝來強調眼神，不過，這也是因為她們知道自己的風格，因此了解該強調或省略哪些部位。因此法國女人可以快速挑選出適合自己的服飾，化妝也不需要拖拖拉拉耗費太多時間，只要幾分鐘就可以完成。

除了派對、演講等特殊場合之外，我平常是不擦粉底的，因此化妝只要五分鐘就可以完成。有些人則是只畫眉毛、只刷睫毛膏、只上唇妝等，單獨化某個部位的妝。

不過，法國人對唇妝特別講究。會搭配自己的衣著風格，使用柔和的粉紅色、鮮亮的正紅色、自然的米色等不同的顏色。有時會只上唇蜜，強調雙唇的立體感。

究竟為什麼上了年紀，妝就要愈化愈濃呢？我看身邊的日本朋友，總覺得她們接近素顏時的樣子要比化全妝可愛多了。

尤其是日本人肌理細緻，以法國人的眼光來看，簡直就像陶瓷一樣美。但是，竟然有非常多人不了解自己的這項長處！

而且，日本人素有「娃娃臉」之名。事實正是如此，以世界標準來說，日本人看起來真的非常年輕。因此，化上自然裸妝應該非常能強調這項優點。

不過，隨著年齡增長，肌膚上的斑點會逐漸增加，透明感也會隨之減低。肌膚失去彈性，細紋變得明顯，因此化妝也會愈化愈濃，這的確是女人的心境使然。然

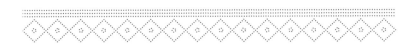

而，粉塗得愈重，歲月的痕跡反而愈明顯，到了下午不但會浮粉，看起來還會更老，造成反效果。

我上電視節目時，也會畫上濃妝。但結果反而是看起來比平常更老，顯得兇惡不親切。

再說，一旦交了男友，總有一天會同床共枕，一定會露出素顏。

我的朋友中，有人說自己「即使在丈夫面前也絕不素顏，就算是卸妝，也一定會畫眉毛」。我聽到這句話時，感到的已經不是驚訝，而是不敢置信。這種「小心機」應該沒辦法永遠持續下去吧。

即使只是化妝，女人也可以透過它來追求自我。

像呼吸一樣
常說「我愛你」

Amoureuse

愛可以滋潤肌膚和心靈

聽伴侶傾訴愛意也能讓女人變美，而且比任何美容方法都有效。我有許多法國朋友都說「和伴侶肌膚相親是我最放鬆的時候」，我也有同感。共度甜蜜的一夜之後，隔天早上即使素顏出門，肌膚還是水亮滑潤。能夠互相傾訴「我愛你」的親密關係，可以滋潤肌膚和心靈。

不過，大家常說日本男人很不擅長用語言表現愛意。

許多女性都會因為「我老公到現在都沒說過『我愛妳』這種肉麻話，我家就是沒辦法」而放棄。但我認為，不可以因為「從來沒有說過，所以說不出口」，而應該是「從來沒有說過，所以現在要說」。

我以前交往過的日本男人，一開始真的很缺乏愛情表現。他總是堅持「因為我愛妳，即使不說出來妳也應該知道」，一直不肯說出自己的心意。

我無法接受這種情況。

之後，我經常向他說「我就是很想聽你說你喜歡我嘛～」。

接下來，各位覺得發生什麼事了呢？

他漸漸改變，表現愛的方式愈來愈豐富，最後甚至會不斷重複「Je t'aime, Je t'aime, Je t'aime（我愛妳、我愛妳、我愛妳）」！

實在是 too much，反而是我覺得有點煩了。

法國情侶會看著彼此的眼睛對話。

他們會在咖啡店或餐廳的小桌子，靠近到鼻子相觸的距離，互相傾訴愛意。

也常常用 Lettre d'amour（情書）表現愛情。

不只是法國，對歐洲、拉丁國家的男性來說，情書也是戀愛的常用手法。他們會滿懷熱情，用文字不斷傾訴愛意。現在有些人不用手寫，改用電子郵件，不過，那股熱情可是一點也沒變。

傾訴愛意可以活化細胞

從前，拿破崙一世從戰場上給妻子約瑟芬寄了情書，寫著「早上一起床，我就滿腦子都是妳！」「別洗澡，好好等我回來」，看得出他對妻子多麼專一。二〇〇七年，在倫敦拍賣會以六千九百萬日幣賣出的拿破崙書信，也記載著他熱情的愛意：「隨信送去三個吻，一個吻在妳心口，一個吻在妳嘴唇，一個吻在妳眼眸」。

對心愛的人傳達愛意。

雖然是很簡單的一件事，但書寫和收到情書時，這種「怦然心動」的感覺，就是讓我們可以永遠當個女人的秘訣。心臟砰砰跳，全身血液流動。細胞也會一個一個活化，促使荷爾蒙分泌。

各位不覺得這種怦然心動的感覺，能讓人更年輕嗎？

思考用什麼樣的言語來傳達愛，也是一件愉快的事。

法國人常給另一半驚喜，像是早上出門時在冰箱上貼一張「Je t'aime（我愛妳）」的字條，或是突然從公司打電話回來說「真想見妳」、「今早的妳很美」。不說「我愛你」，才會讓人愈來愈老。

將伴侶說的「我愛你」當成返老還童的靈藥，互相傾訴愛意。當然，不管到幾歲都要持續下去。

傾訴愛情，就是最有創造力的一件事。

小草莓、小兔子，妳和他的愛情暗號

Excentrique

法國不僅是戀愛大國，性生活也很活躍

結婚後依然和另一半互叫名字或暱稱，也是保持年輕美麗的必要條件。

各位都知道法國是戀愛大國。法國人不僅熱愛伴侶，證明愛情的性生活也非常活躍。根據二〇〇四年的調查結果，全世界性生活次數最頻繁的就是法國（出自Durex公司「二〇〇四年性生活與性健康實際情形調查」的「性生活頻率」）。二〇〇五年的調查結果，法國的名次下降到第六名。或許因為我們不是隨時都會分泌「愛情荷爾蒙」催產素吧！

其實在法國，伴侶間很少叫彼此的名字。

會這樣叫對方的名字，僅限於吵架時。所以，當對方叫我「朵拉」時，代表我們的關係已經產生了裂痕。

那麼，法國情侶平常都是如何稱呼彼此呢？

男性稱呼女性時，會取這些暱稱。

ma fraise（我的草莓）

mon chou（我的高麗菜）

mon lapin（我的兔子）

ma biche（我的雌鹿）

mon poussin（我的小鳥）

確認彼此愛意的暱稱

不管到幾歲，男性都會滿懷愛意地稱呼伴侶「我的小草莓」、「我的高麗菜」。很可愛吧？我認為，這就是女人可以永保魅力的秘訣之一。

許多人都會取蔬菜或水果的名字來當暱稱，此外，基本上男性會以 ma chérie（我的戀人），女性以 mon chéri 稱呼對方。也常常使用 mon amour（我心愛的人）、mon bébé（我的寶貝）等等稱呼。

附帶一提，目前為止戀人對我的暱稱中，我最喜歡的是ma perle（我的珍珠）。回想當時，戀人每次和我說話，都會叫我ma perle，寫情書時則會以ma perle d'maour（我可愛的珍珠）稱呼我。

還有一個我也很喜歡的暱稱，是mon trésor（我的寶物）。當他每次呼喚著「我的寶物」，將我擁入懷中，我感覺自己變得愈來愈美麗。

有些情侶會一直使用沒有特殊意義的暱稱。

我妹妹結婚已經很久了，她和丈夫從開始交往時就互相稱對方「chon」。這個字並不是法文的單字，也沒有任何含意，他們使用這個字只是因為喜歡它的發音，所以用「chon」來稱呼對方。這也是一種愛的證明。因為這個暱稱，是只有他們兩人才懂的祕密。

這些暱稱就像兩個人之間的暗號。重點在於，不管到幾歲都要和另一半分享祕密，疼愛、守護對方。我認為就算成為老奶奶，仍然和另一半互稱「我的小草莓」是件非常美妙的事。

比起花錢使用任何美容方法，還不如沐浴在伴侶的愛情中，每天聽到對方呼喚「mon trésor」，肯定能變得更美麗、更年輕。

戀人間的小驚喜

Mystérieuse

將孩子託付給保母不是壞事

法國人不論到幾歲一樣都會墜入愛河。不管過了幾年，還是希望彼此能和熱戀時一樣親密。因此會不惜努力，用心經營伴侶關係。即使有了孩子，還是會安排兩人單獨外出的時間，盛裝打扮，然後出門約會。當天，女性會穿上對方沒看過的衣服，換上新內衣。彼此交往的時間愈長，愈需要驚喜。外出約會後，伴侶們就會沉浸在兩人世界中。

在日本，生了孩子，夫妻就會升格成「爸爸」、「媽媽」，生活圍繞著孩子，幾乎沒有兩人相處的時間。也因為住宅條件，孩子常常睡在爸爸媽媽中間，夫妻很少有時間親密。即使偶爾想要兩個人單獨約會，也因為父母和親戚住得太遠，托人照顧孩子相當不便。

但是，我認為當我們不當妻子、不當母親，而是以一個女人的身份受到丈夫疼惜的時間愈長，家人就愈能和睦相處。然而在日本，「把孩子托給保母照顧代表母親無能」，這個想法依然根深柢固。

不過，法國人一點也不覺得利用保母服務是壞事。將孩子托給保母照顧，只是在每天拚命帶孩子之後，偶爾稍微休息一下而已。

希望各位可以光明正大利用這項服務，趁這段時間和伴侶一起去看場電影，去有氣氛的餐廳渡過浪漫時光，充分享受兩人世界。

愛，不拘泥形式

法國人的伴侶即使正忙於養育孩子，依然非常重視兩個人相處的時間。之所以說「伴侶」而非「夫妻」，是因為法國在法律上承認「ＰＡＣＳ」，也就是所謂的「事實婚」。

事實婚和婚姻制度在養育孩子方面具有同等的待遇，因此利用這種制度的人相當多。觀察法國優厚的社會保障制度，就可以了解出生率為何不斷增加。法國具有生產津貼、育兒津貼等各式各樣的補助制度，不只是母親，連父親請育嬰假，一樣可以領到育嬰假津貼。孩子人數增加，育兒津貼也會跟著增加，稅金則會減少。育兒津貼一路支付到孩子滿二十歲為止。這些補助，在先進國家中算是特別優厚的層級。

法國還有各種支援制度，幫助父母兼顧工作及育兒。法律上，母親能請三年育兒假，回歸職場時也可以回到同一個職位。繼續工作而不請育兒假的人，可以獲得保母或育兒媽媽補助。三歲到五歲的幼兒，就讀公立幼兒學校（幼稚園）不用學費。政府的補助非常全面，有事先預想到不同家庭的需求，據說法國的育兒制度在歐洲國家中最為優厚。

由於PACS制度，實際結婚的人雖然減少，但一九九四年下降至1.65的出生率，到了二〇一一年已經回復到2.03。而且，幾乎沒有女性因為生小孩而離職。

法國人可以選擇不受婚姻束縛的生活方式。因此，獨立的個體可以自由相愛。即使不結婚，也有PACS、同居等各種選項。愛的方式不拘泥於形式。總之

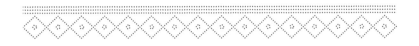

可以和喜歡的人一起生活，屬於非常靈活有彈性的風格。不是只有結婚而已。

先成為伴侶，一起生活。
一直保有戀愛的心情，就是能夠永遠當個女人的秘訣。
不要忘了Amour（愛）。

Chapitre 3

簡約優雅的生活方式

牛角麵包
是週末在床上
享用的美食

Romantique

週末的早午餐真是奢侈的享受！

巴黎女人的週末早午餐，是在床上吃戀人在Boulangerie（麵包店）買來的牛角麵包。在巴黎市內，麵包店四處林立，走幾步就會看到一家。

在麵包店買的是剛烤好的牛角麵包或巧克力牛角麵包。加了許多奶油的牛角麵包鬆脆且香氣十足，非常美味，但熱量也很高。

因此，法國人平常都吃法國長棍麵包，牛角麵包則是假日的特殊待遇。有時間的時候，就會吃一些感覺比較奢侈的食物。牛角麵包只要2歐元，卻能確實讓人感到幸福。

即使不使用飯店的客房服務，日常生活中也可以增添一些特別的情趣表現。在法國，早上負責去麵包店買麵包的是男性，女性則躺在床上，在淺眠中等待愛人歸來。

接著，男性會用大托盤盛裝剛烤好的牛角麵包和杏仁、草莓等幾種果醬，加上火腿、起司、沙拉、水果，用水壺裝好果汁和咖啡，端到床邊，和伴侶一起享用兩人的早午餐。

多麼奢侈的享受！

即使兩人平日都忙，到了週末，就可以一起悠閒休息，彼此談心，加深彼此的感情。法國人為了充電迎接新的一週，非常重視這種不同於忙碌的平日，可以悠閒放鬆的時光。

週末放鬆可以防止老化

許多日本人會因為「不喜歡平日的生活規律被打亂」，假日也一早就起床。不過，週末就從平常的工作中解放，做點不一樣的事情，應該是個不錯的主意。我認為，假日就是要消除平常累積的疲勞，讓身心都充分休息，下週一才能繼續努力。

週末可以烤烤手工麵包、煮些費工夫的料理，做一些平常沒有時間做的事情。

若是和伴侶一起過週末，可以一起出門吃飯休息，或是兩個人一起下廚。如果對方喜歡做菜，撒嬌要求他做些好吃的東西，應該也很有趣。也可以看電影、去美術館、去健行，享受兩人共同的興趣。對平日忙碌的人來說，這也是週末的小小奢侈。和親密的人一起出門，有放鬆情緒，養精蓄銳的效果。

養成「週末休息」的習慣，即使平常遇到心煩的事，利用週末時間區隔「上班日」和「休息日」，好好放鬆充電一下，恢復疲勞，讓你的身心充滿新能量，同時還可以防止老化。

熱量高但不會
發胖的飲食

Gourmande

花點時間慢慢品嚐美味

法國人是美食家，最喜歡吃好吃的東西。

我也是如此。

大家都知道法國料理熱量很高，不過，身材圓潤的巴黎女人我倒是很少看到。

舉例來說，我喜歡吃焗烤。用馬鈴薯、櫛瓜等當季食材製作的焗烤是一款經典料理。大量起司和白醬令人垂涎三尺，非常美味。我也很喜歡馬鈴薯泥，它雖然是很簡單的料理，但每間餐廳、每個家庭都有不同的配方。

鵝肝醬雖然不常吃，但同樣是不能不吃的美食。法式蝸牛是我每到小酒館就一定會點的菜。小羊排也是難以捨棄的美味。最近，日本相當流行吃野味，在東京也可以吃到美味小羊肉的機會隨之增加，讓我十分開心。

一想到美食，我就覺得好幸福！

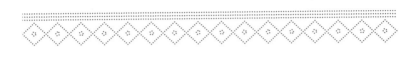

這些食物的熱量好像很高？

沒錯，不過，我不會因此而忍著不去吃。

去餐廳用餐時，我有時會魚和肉兩種都吃，而且法國人不吃甜食會覺得一餐好像沒結束，因此餐後甜點也是不可或缺的。

La découverte d' un mets nouveau
fait plus pour le genre humain
que la découverte d' une étoile.

——Brillat-Savarin

對人類來說，發現新的料理，比發現一顆新的星球更有意義。

——布瑞拉特．薩伐侖（拿破崙時代政治家、美食家）

節食？臨近夏季時，確實會有不少巴黎女郎因為要在渡假地穿泳衣而宣稱開始節食減肥。不過，法國人對美食和愉快的事情真的非常著迷。

因此，我們會說「今天是例外」、「減肥從明天開始」，然後繼續吃美食。結果因為實在太愛吃了，根本沒有開始減肥的一天。

不過，我認為法國人的食量和發胖的程度其實是不成比例的。因為我們會花時間慢慢品嚐美食。法國人的晚餐最少也要花上兩小時，花費時間的方式相當奢侈。日本的上班族有時會在工作之餘匆忙把牛丼填進胃裡，和法國人的用餐方法恰恰相反。

法國人花時間吃飯，可以說是愛惜自己人生的象徵。難得要吃飯，當然要和喜歡的人在一起一邊盡情聊天，一邊享用美食。法國人不只是單純的吃飯，而是希望一餐飯能夠吃得開心。就和我們認為人不僅是生存，而是要活得開心才有價值是一樣的道理。

我認為法國人的這種感情，有些地方確實值得日日忙碌的我們學習。那就是和喜歡的人一起，花些時間開開心心品嚐美食。

也就是「打從心底享受吃飯這件事」。

這就是法式「不發胖也能享受美食」的簡單方法。

人生不能
沒有葡萄酒

Hédoniste

多酚具有強大的保健效果

各位有沒有聽過「法國矛盾（French Paradox）」這個說法呢？這是由於「法國人明明食用高脂肪含量的料理，卻很少得心臟病」而衍生出來的詞彙。有一個相當有力的說法，認為原因在於紅酒（Vin rouge）中的多酚具備的功效。

多酚的美肌效果同樣值得期待。每次有人問我「法國人的美容秘訣是什麼？」我都會立刻回答「喝葡萄酒」。

附代一提，在葡萄酒王國法國，我們只喝國內製造的葡萄酒。其實這也是因為超市和酒館很少賣其他國家的葡萄酒。

在紅酒中，我最喜歡的是波爾多的梅多克酒（Bordeaux, Médoc）。這是在法國西南部波爾多的梅多克地區生產的葡萄酒。在紅酒中，波爾多酒的多酚含量相當高。這個地區生產的酒有聖朱利安（Saint-Julien）、波雅克（Pauillac）、聖艾斯臺夫

（Saint-Estèphe）、瑪歌酒莊（Château Margaux）等，每一種都非常強烈，風味繁複。二〇〇五年、二〇〇九年及二〇一〇年是葡萄酒的「豐收年」。建議購買這些年份生產的葡萄酒，可以品嚐非常出色的風味。除了這幾種酒，聖艾米利翁（Saint-Emilion）的醇厚風味也很不錯。

相較於波爾多酒的強勁，具有水果風味的勃艮第紅酒（Bourgogne rouge）風味較為柔和，也是我推薦的品項。

下班後先來杯酒

法國人相當重視餐前酒。這是為了切換工作和休息時間，也為了讓自己人生更加豐富，是不可或缺的一環。

巴黎女人會在工作結束後「先來杯餐前酒」。相約在咖啡店或露天咖啡座會合，一切就從一杯餐前酒開始。

今天該做些什麼呢？去看電影、去新開的餐廳吃晚餐，或是在家裡舉辦派對也不錯……。即使工作再辛苦，一杯餐前酒，尤其是香檳，最適合讓人從工作模式切換到休息時間。

就算在家裡舉辦派對，實質上也非常簡約。在法國，不花錢是我們相當重視的一點。

只要有橄欖、堅果、起司和法國麵包，就非常幸福。再加上一些義大利香腸、肉醬和醃黃瓜，想吃時再下點義大利麵。除了美味的食物之外，辦這種派對，還需要能夠享受過程的寬廣心胸。

法國人非常喜歡吃。之所以不會因此發胖，是因為我們會花時間和自己最喜歡的人一起享用美食，打從心底感到愉快的緣故。

還有，紅酒中含有的多酚，也是法國人維持健康的靈丹妙藥。

肌膚保養採取
「單一豪華主義」

Simple

乳霜必選優質產品

對於化妝品，我採用「單一豪華主義」。法國人的抗老守則，是講究使用的乳霜品質。雖然品項單一，但相對地我從年輕的時候開始就絕不妥協。其實，這樣的肌膚保養方法相當簡單。

來到日本後，我和日本朋友一起去溫泉旅館時大吃一驚。朋友用的保養品陣容實在太豪華了！化妝水、美容液、乳液、乳霜排排並列。我問她「妳到底要擦幾種保養品才覺得夠啊？」朋友回我「朵拉！這很正常吧！」

當我說起這件事，我的法國朋友都非常驚訝。當然，法國的化妝品品牌也有推出各式各樣的保養品，不過，法國人根本不會想買齊整套。原因在於，法國人使用的基礎化妝品基本上只有白天擦的 Crème de jour（相當於日本的保溼霜）而已。

我喜歡的化妝品品牌有日本也很常見的克蘭詩（CLARINS）、天然保養品專家黎可詩（NUXE）和誕生於波爾多地區葡萄園的品牌歐緹麗（CAUDALÍE）。

晚上我甚至連化妝水都不擦。睡眠時間就是肌膚代謝多餘油脂的時間。我認為這時候在肌膚上塗抹各種保養品，反而會讓皮脂堵塞在肌膚內部，無處可逃。只有冬天或天氣非常乾燥的時節，我才會擦上晚霜（Crème de Nuit）。

這種簡單的肌膚保養法，來自於祖母傳給母親，母親傳給孩子的觀念：「只有乳霜必須選用優質的產品」。我從大學時就開始使用日霜預防皺紋與斑點，我的第一罐乳霜，就是YSL聖羅蘭這種高級品牌。擦乳霜時，我會更仔細塗抹容易形成黑眼圈及斑點、皺紋的眼周。

隨著年齡增長，肌膚本來就會產生皺紋，同時也會形成斑點。不過，法國人並不想藉由整形手術成為沒有半點皺紋和斑點的老人。

法國人並不想要這種不自然的生活方式，也不想否定自己。不過，這並不代表我們認為自己可以滿臉皺紋或斑點。法國人雖然會保持「原來的自我」，同時也會

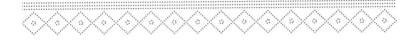

盡可能保養肌膚。

法國女人最喜歡的東西，就是愛、美麗和吃美食。

所以她們非常喜歡化妝品。對於如何讓自己美麗非常有興趣，也會努力變美。

不過，她們不會去整形或化濃妝。

我現在的臉，只要一笑眼周就會出現皺紋。不過，這些皺紋並沒有深到讓我看起來很老。我想這應該是我堅持使用高品質乳霜的關係吧！

這種講究乳霜品質，絕不妥協的美容法，希望各位也能試試看！

戴一頂
奧黛麗赫本
風格的帽子

Charmante

小改革，大變化

「今天是帽子日。」

在帽子日這天，我會一整天都不會脫下帽子。

想要在年齡增長的同時保持美麗，必須打從心底喜歡自己的人生。

妳喜歡自己的人生嗎？

無法立刻回答「喜歡」的人，建議從小地方開始試著改變。我認為，每天都能找到一點小樂趣的人，就是可以享受自我、享受人生的人。

舉例來說，只要嘗試跟平常不同的打扮，心情就會產生變化。若沒有戴帽子的習慣，可以試著戴戴看。穿上寬鬆的上衣，舒服的長褲，這種大人的休閒風格，搭上一頂草帽，時尚度就會立刻升高。帽沿寬大，有小臉效果的「女明星帽」，搭配外套與牛仔褲等簡約風格，馬上就變得優雅又有氣質。只要戴上帽子，時尚品味就會瞬間提昇，每天都能過得更愉快。

若是對帽子有興趣，看看帽子的經典電影應該也挺有趣的。奧黛麗赫本主演的〈窈窕淑女〉，在淑女們的社交場所雅士谷賽馬場，就出現了許多別緻又出色的帽子。奧黛麗也戴上了上流階級貴婦戴的黑白配色帽以及其他幾頂帽子，完美襯托她的高雅氣質。

大而華麗的帽子，與其說是配件，更像整個造型的主角。令人覺得光是看著它，似乎就能鍛鍊自己的時尚品味。

花一點小巧思，小小的改變，或許也能製造一個新的機會，讓我們重新思考自己究竟喜歡什麼，想要什麼樣的穿著風格。

買束花回家

Sensible

即使不是特殊節日也要買束花回家

日本人和法國人都喜歡綠意和鮮花。

在我居住的日本神樂坂，公園的樹木枝葉繁盛，有一戶住宅前種著許多薰衣草，舉目皆是茂密的綠意及各色鮮花。到了春天，會有許多前往賞梅與賞櫻的日本人。這些人會特地去親近花朵。只要看著綻放的鮮花，就會產生療癒效果，讓自己變得更有活力。

在巴黎市內，有許多綠地。公園就不用說了，還有香榭麗舍大道的行道樹、咖啡店和麵包店前也種著花，在街上散步，能夠感受到四季的變化。

每當巴黎女人想轉換心情，就會買束花放在房間裡。在路上常可以看到行人手拿花束。沒錯，巴黎女人不會把法國麵包和花束放進袋子裡，而是直接拿著走。走在路上，會看到穿套裝的人手拿花束，穿黑色洋裝的人也拿著花束，帶狗外出散步的人，也會右手握著牽繩，左手拿花……

巴黎有許多花店，展示方法非常有個性。有些店只展示純白或鮮紅的花，看起來就像藝術作品一樣。到了耶誕節，會有許多店家展示組合耶誕樹和花朵的閃亮裝飾品，光是看著這些繽紛色彩，就令人感到幸福。

許多法國人會在房間裡放盆栽，也有不少人會按照季節種植各色開花植物。因此，若出門渡假兩週，就相當麻煩。外出前必須想好怎麼給植物澆水，例如將鑰匙托給鄰居，請他們幫忙來澆花等。不過，我的鄰居多半都是會好好照顧植物的人，對方渡假時，我就幫他澆花，彼此形成互助關係。

法國人非常喜歡送花給別人。路上常看到趕著回家的人手拿花束，而且不分男女。

有一件事我覺得特別棒，就是法國男人將買花視為理所當然。即使不是生日或特別的日子，當他們想這麼做時，就會送花給女性。這些小小的驚喜能夠令人感覺

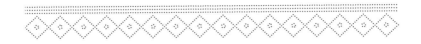

到愛，也會特別開心。

不分男女，互相贈送鮮花，可以滋潤彼此的心靈。

鮮花只須花費數百元，卻能讓室內空間和心靈瞬間光彩照人，簡直就像魔術一樣神奇。

放空腦袋
動手做事

Cultivée

烹飪和整理房間可以放空腦袋

擁有放空自己的時間，也是保持年輕的秘訣之一。

忙碌和壓力是「老化」的第一步。壓力不斷累積，會讓負面情緒愈來愈強烈。我在這種時候，會不管三七二十一先動手做事。

舉例來說，做菜就是不錯的選擇。我會把冰箱裡的馬鈴薯、洋蔥、紅蘿蔔、甜椒等許多蔬菜拿出來，用菜刀切好再丟進鍋子裡燉煮。做菜時，可以集中精神思考接下來要切什麼、什麼時候需要準備調味料，煮好要用哪個盤子盛裝，就不會再去胡思亂想。

做一頓美味的料理，可以同時達到紓解壓力和品嚐好吃的食物兩種作用，是一石二鳥的好方法。世上再也沒有比它更實惠的抒壓方式了。燉一鍋熱湯，可以讓身體從內到外都暖和起來。心情也會稍微輕鬆一些。多做幾次，就可以慢慢恢復元氣。

收拾房間也是很棒的方法。前幾天我心血來潮把書架裡所有的書都拿出來重新整理。我的書架上塞滿了數量驚人的書，除了書本，還有雜誌、宣傳冊。我將它們全部拿出來，按照小說、藝術、美容、商業、歷史等主題一一重新排列。雖然花了很多時間，但這種單純的工作非常適合想要「放空」的時候。

讓腦袋休息，動手做事，就會感到神清氣爽。受傷的心或許無法立刻重新振作，但我認為，若能稍微產生「明天再試著努力看看」的想法就夠了。

心情低落時，我有時會什麼也不想，一個勁地丟骰子。

我會自己決定我的幸運數字，若是骰出那個數字就代表幸運，明天或許會發生好事。如此一來就可以改變自己的心情。法國女人特別有這種玩心。

每週放假一次，不當「妻子」和「媽媽」

Femme

注重角色扮演，卻忘記自我

「扮演自己」和「扮演角色」是不一樣的。

我認為，若是日本女性會克制自己不去表現自我，這一定和她們一直以來習慣順應環境扮演各個「角色」有關。

介紹自己的兄弟姊妹時，日本會明確畫出界線，告訴別人「這是我妹妹」、「這是我哥哥」。然而，在法國，我們只會說「Ma soeur（我的姊妹）」、「Mon frère（我的兄弟）」。

這和英文的「My sister」、「My brother」是同樣的意義。在介紹的當下，對方並不知道眼前的人究竟是姊姊還是妹妹，是哥哥還是弟弟。這是語言的問題，也是文化差異。

當然，若是你問我「朵拉是姊姊還是妹妹？」我會回答「我是姊姊」，回答時也不會有任何抗拒感。不過，第一次向別人介紹兄弟姊妹時，我們就是不會說「這是我姊姊」、「這是我妹妹」。

我有一個從事小說翻譯的朋友，每次翻譯法國文學作品時都吃盡苦頭。因為不知道究竟哪個是姊姊，哪個是妹妹，只好採用「〇〇姊妹」這種曖昧的翻譯方式。

我認為日本人會想清楚界定哪個是姊姊哪個是妹妹，是因為必須強調自己扮演的角色。

日本的女性若是姊妹中的長女，就要扮演姊姊的角色，結婚後又要扮演〇〇先生的太太，生了孩子就是〇〇的媽媽。之後這些角色則持續發展，孫子出生後自己就會成為奶奶。回過神才發現這一生都在扮演角色。

例如，太太其實想出社會工作，但為了丈夫，必須扮演每天親手製作美味料理的溫柔太太；又或者心裡希望先生能多幫一點忙，但必須扮演一手包辦育兒工作的全職媽媽。偶爾希望早點回家，想要自己的時間，然而基於職業婦女的責任感，不得不加班……

我明白大家都在各個情境下努力奮鬥，但是這樣扮演各個角色，會讓「自我」變得愈來愈薄弱。光是在意別人怎麼看自己，會讓我們愈來愈難建立「屬於自我」的個人風格。

不斷扮演角色的人生，當然「年紀愈大就愈老」。因為當中年歐巴桑成了年近六十的奶奶，就不得不演出奶奶的角色。

然而，從今天開始，只要每週一次就夠了，請試著不要當「妻子」和「媽媽」。捨棄這些角色，和丈夫或伴侶互相稱呼彼此的名字或暱稱吧！

前幾天，我見了一對互稱「爸爸」、「媽媽」的夫妻。這種稱呼對法國人來說真是太離譜了！而且他們根本沒有小孩，為什麼要叫彼此爸爸媽媽？每天都聽到身邊最親近的丈夫叫自己「媽媽」，當然會讓人急速老化。

已經有調查結果顯示，平常互稱爸爸、媽媽的日本夫妻若是改以名字稱呼對方，體內有「愛情荷爾蒙」之稱的腦內啡就會增加。

請不要忘記，我們在扮演妻子、媽媽的角色之前，首先是一個女人。請好好珍惜無可替代的「自己」。

放個長假
找回自我

Décontractée

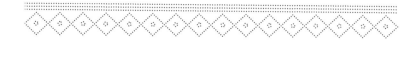

忙碌是「心靈的死亡」

忙碌最容易讓人疲勞及老化。

我如果忙到沒有自己的時間，累積的壓力就會來到高峰。

「忙」這個字，寫作「心亡」。忙碌就是心靈的死亡，因此，忙到非常疲倦時，人就會呆滯，心情也會變得低落。全身上下肌肉僵硬，情緒愈來愈煩躁，這種感受會表現在臉上。光是專注於眼前的工作就耗費了所有的精力，不得不先把具有創造性的活動擺到一邊，這時，我們就會離快樂愈來愈遠。

談到這件事，日本人聽到「我很忙」這句話的反應常讓我感到吃驚。

幾乎所有人都會對我說「忙是好事」。即使我說我肩膀痠痛、覺得很累，壓力很大，大家依然會異口同聲回答「朵拉，忙是好事喔」。

若是換成法國人，幾乎所有人聽到都會皺起眉頭同情我，對我說「這麼忙，好可憐喔！」

為什麼日本人會覺得忙碌是一種美德呢？

日本有很多人，好像一閒下來就會有罪惡感，這點也讓我相當驚訝。工作到星期五，終於到了週末！然而有不少人就連星期六日也和平常一樣早起，不是嗎？

小孩子也是一樣。明明放了暑假，卻每天都要早起做廣播體操。那究竟是什麼活動啊？當我聽到附近的公園喇叭放出廣播體操的音樂時，完全不知道發生什麼事，簡直嚇到整個人都要跳起來飛奔到公園一探究竟。

「不養成早起的習慣，就會遲到。」

「太閒了，就會偷懶。」

日本人簡直就像被輸入了這些設定似的。

法國人完全沒有這種想法。假日我們會睡到日正當中，之後再和伴侶一起在床上悠閒吃早餐，渡過彼此談心、傾訴愛意的溫柔時光。

重視「屬於自己的時間」

對於渡假的想法，法國人和日本人的差異更大。法國人的渡假時間至少有兩週。請五週的假也是稀鬆平常。

有些人會說「日本就是沒辦法長期渡假。」

不，沒這回事。

日本不是也有年假嗎？

日本人不是無法請假，而是不想請。只要去請假就好。總之休息就對了。渡假並不一定要到南方小島，在家裡休息一個星期一樣是渡假。渡假的目的就是休養身心，重新充電。

不過，事實上的確有不少人無法請到連續的休假。

有些人甚至因為請不了假，只好在辭職之前休一個月長假，就此結束上班族人生。這樣實在太可惜了！

當然，我也了解上班族很難請特休的情況。若是公司的氣氛無法允許下屬比主管早下班，請長期休假當然很困難。應該有很多人是這樣想的吧。

我有一個在廣告公司上班的日本朋友，因為想學法文，開始去公司附近的「Institutfrançais 東京」（過去的東京日法學院）上課。課程開始時間是晚上七點，而她的下班時間是五點半，完全趕得上上課時間。然而，過了一陣子，不知為何六點半才開始的會議突然變多了。原因在於公司的女性部長，也就是朋友的主管，因為看不慣她學法文學得這麼開心，因此故意將會議時間設定在六點半。當然，朋友只好因此而常常缺課。

在法國，若是發生這種事情，是會上法院打官司的。近年來日本對性騷擾的概念有了相當大的改變，但對於權力騷擾的認知依然不夠普及。事實上，誰都沒有權力阻止你做自己想做的事。

另一方面，也有人主張「請休假會導致工作進度落後，所以我才不請假」。但是，法國人渡假時間這麼長，ＧＤＰ排名卻高達世界第五。我認為這代表法國人工作和休息時段之間的切換非常明確，因此生產力很高。事實上，法國人的工作時間雖然很短，生產力卻高達世界第二名。

然而，將長時間工作視為理所當然的日本，生產力卻相當低。長時間勞動造成的生產力低落，已經成為世界性的問題。

機器化的部門生產力很高，但在文書事務方面，有時我們只是在公司裡懶洋洋地工作。應該重新審視這點，工作時追求效率，休息時就徹底休息。不要在意周遭的眼光，大大方方請個特休，去吃點好吃的東西吧！

注重自己的時間，是幸福人生的必要功課。人生是你的，一定要珍惜自己的時間。

Si vous voulez que la vie vous sourie,
apportez-lui d'abord. votre bonne humeur.

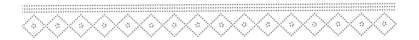

——Spinoza

希望人生對你露出微笑，就得先開開心心和它交朋友。

——斯賓諾莎（17世紀荷蘭理性主義哲學家）

不用花錢也能享受的奢侈

Econome

法國情侶不會一起出門購物

不知道各位有沒有去過巴黎的跳蚤市場？

旺夫跳蚤市場，以及位於克里尼昂古門的聖圖安跳蚤市場，都是喜歡巴黎的人會想去的景點。原因在於，這些市場滿是光看一眼就會讓人興奮不已的古董寶貝。像是飽經風霜的古銀餐具、風格活潑且色彩繽紛的碗盤、古董織品與蕾絲。當然也有包包和鞋子、衣服等值得挖掘的好東西。不僅如此，裡頭甚至會出現經過修理保養的老傢俱。

跳蚤市場是相當受歡迎的觀光景點，法國人也會理所當然地利用這些市場。

為什麼呢？因為法國人並不覺得花錢有任何意義。

我們不認為「大量生產、大量消費」就代表富裕。不僅如此，法國人也不會為了錢犧牲自己的人生去工作。因為我們知道，即使沒有錢，也可以幸福地生活下去。

因此，在法國，一個人不會因為有錢就受人尊敬。比起有錢的醫生，貧困的藝術家反而更受人敬重。

我現在在東京住處使用的沙發，是我來日本時撿別人丟棄的二手貨。

來到日本後，令我驚訝的事情之一，就是即使東西還很新、很漂亮且還可以用，只要人們覺得自己不想要了，就會隨意丟棄。這件事真的讓我大吃一驚。對法國人來說，真是不可置信！

當年我來到日本時孤身一人，沒有家具，也沒有錢。對我來說，這種情形根本是天賜的恩惠！路上竟然扔著可以用的東西。真是讓我感到震驚。不過，最近這種情形似乎有逐漸減少的趨勢。

在法國，我們會將不需要的東西拿去再利用、回收或捐贈。東西並不只是單純的物質而已。最近在日本，大家似乎慢慢開始有環保節約的概念，然而在法國，環保一直都是非常理所當然的理念。

舉例來說，一個法國人擁有的最高級的包包，可能是媽媽送的香奈兒。

我們不買不需要的東西。若一定要買，當然會慎重選擇。

「我真的想要它嗎？」

「我真的需要它嗎？」

不只是傢俱，衣服、包包和裝飾品全部都是。法國人只擁有自己真的喜歡且需要的東西，並且非常珍惜它們。

日本人真的很喜歡買東西，我也曾經因為「難得放假，情侶竟然不約會而是一起去買東西」而感到驚訝。

在法國，假日時商店也休息，因此無法買東西。究竟為什麼大家在難得的假日只想花錢呢，我真的覺得非常不可思議。

法國人即使沒錢，一樣可以好好享受假日。我們會帶著自己做的三明治去公園野餐，到免費或有便宜門票的美術館看展覽或是看電影，不在乎花不花錢。

法國人沒有「消費才是娛樂」或「消費才代表富裕」的想法。

我們認為珍惜物品是理所當然的，會將物品使用到損壞為止，甚至損壞時也會拿去修理並繼續使用，不會想要每次都購買新商品。

希望各位也能試著尋找不花錢的幸福。

別在意年齡

Capricieuse

「我們同年耶！」「那又怎樣？」

年齡和一個人的魅力毫無關係。不管年輕還是上了年紀，有魅力的人永遠一樣迷人。

日本人非常在意對方的年齡。我認為，這其實就是一種畫地自限。

我參加某個出版社舉辦的活動時，發生了一件事。

當時我和編輯正在談話，一位編輯的朋友走過來。

一開始他們兩個只是普通地談話，過了一陣子，就開始了下面這段對話。

「咦？你也是一九六七年出生的？真的假的！」

當他們發現彼此同年時，瞬間發出驚喜的尖叫聲，兩人都握住對方的手，興奮不已。前後的情緒落差實在太大，令我不禁啞然失笑。

即使有人對我說「朵拉，我們同年耶」，我也只會感到困惑，覺得「那又怎樣？」我了解同年齡的人擁有一樣的流行風潮，如果都喜歡當年很紅的連續劇或歌曲，彼此就會有更多共通點。不過，這種情況為什麼會造成這麼大的驚喜，我還是想不透。

法國人完全不在意年齡，因此我無法理解這種心情。

其實，不只是法國人，我曾經去過德國、義大利、土耳其、美國、墨西哥、古巴、中國、韓國、馬來西亞、新加坡……等眾多國家，沒有任何一個地方像日本一樣在意年齡。

因此我剛剛來到日本時，實在無法跟上日本人這種以年齡或年代來區分他人的想法（當然現在也是）。

「都這把年紀了……」

「妳還不結婚嗎？」

日本人似乎用年代來決定每個人的生活方式，實在相當滑稽。同時，只要不符合這個標準樣板，就會被烙上少數弱勢的印記，真的非常沈重。

前幾天，我在工作場合遇到一位三十四歲的日本女性，對方向我哭訴親戚逼婚的壓力太大。她是一位英文能力優秀，活躍於世界舞台的記者。我大吃一驚，問道「妳應該很有國際觀啊，為什麼還會這樣？」但她告訴我，即使是她那樣的女性，也一樣會有「三十五歲前一定要結婚」的焦慮感。考量到女性生產的年齡限制，我當然也了解這種焦慮的心情，然而，這和無法承受父母親戚與周遭的壓力而結婚，完全是兩碼子事。

即使到了三十、四十多歲，當一個人想結婚時，就是「適婚年齡」。以「二十歲前」、「三十歲前」的界線去畫分，只會讓人感到被束縛。各位不覺得很彆扭嗎？

日本的雜誌也喜歡畫分年齡層。《CanCam》的標語是「屬於二十～三十歲可愛時尚職業女性的閃亮雜誌」。翻開《STORY》，則會看到「用時尚支援所有的四十～五十歲女性」、「以四十歲世代品味再三挑選的結果……」等字句。

日本人經常把「到了這個年齡就一定要這樣」等說法掛在嘴邊，但事實上真的

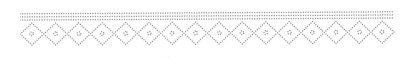

是如此嗎？

法國女人完全不在意年齡，不管到幾歲，都會做自己想做的事，也沒有只和同年齡的人聚在一起的習慣。派對又沒有年齡限制，不管和比自己年紀大或小的人一起赴會都沒問題！

被年齡、年代束縛的生活方式，會讓人愈來愈在意他人的目光，反而埋沒了自我特色。我覺得這種生活非常辛苦。

不在意年齡。年齡根本無所謂。擁有從「年齡」的限制中解放的想法，就是活出自我的第一步。

後記

從年齡的桎梏中解放，真正愛上自己的人生。

年齡增長，帶來的全是好事

《簡約與優雅——法國女人的生活美學》

本書的起點是以「美」為主題，然而，隨著原稿的進展，我漸漸靠近了更根本的主題，也就是「什麼才是真正的美」。

美麗和年齡有關係嗎？
不，完全沒有。
一直以來我完全沒想過自己的年齡。
來到日本時，這種重視年齡的文化讓我大吃一驚，也相當困惑。
這種拘束感實在很難受。

當我的年齡逐漸增長，慢慢有一些感受。

年齡愈大，愈美麗。
年齡愈大，愈快樂。
年齡愈大，愈自由。
年齡愈大，愈年輕。
年齡愈大，經驗愈豐富。
年齡愈大，可能性愈寬廣。

沒錯，年齡增長帶來的全是好事。

事實上，我最近經常聽到大家說：

「朵拉，妳一點都沒變。」

「朵拉，妳愈來愈漂亮了！」

我希望藉由這本書告訴大家：美麗的秘訣不是保養品，而是簡約、優雅、自由隨興享受人生。

充滿自我特色的魅力氣場

法國人非常享受自己的人生。無關年齡，自己的人生只有一次，一定要好好享受。

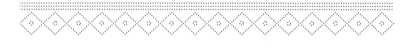

享受人生的方法是

·享用美食

·旅行、談戀愛

還有

·珍惜當下，而不是明天

這就是法國女人的生活哲學。

還有一件絕對不能忘記的事，就是要「活出自我」。

活出自我的方法，就是不管年齡，做自己想做的事，活得自由隨興。此外，能夠開口說「NO」，也是非常重要的一件事。

如此一來，我們就會愈來愈有自信，散發出魅力。當然也就能變得愈來愈年輕美麗。

年齡並不是印在護照上的數字。
真正的年齡在於自己的心靈與身體。

從年齡的桎梏中解放，真正愛上自己的人生。

希望拿起這本書的各位讀者，都能更珍愛自己的人生，變得愈來愈美麗。

感謝給予我機會出版此書的村松千惠女士、幫助我完成原稿的三浦玉美女士及編輯長谷川惠子女士，merci（謝謝）！

Dora Tauzin　朵拉・托賽

帶來幸福的
法語講座

Chapitre 1

Libre	自由
Sereine	安詳
Passionnée	熱情的
Originale	最初的；原始的
Amusante	樂趣
Brillante	閃閃發亮的
Heureuse	幸福的；美滿的
Autonome	自主的；獨立的
Volontaire	自願的；倔強的
Personnelle	個人的
Solitaire	孤獨的
Indépendante	獨立的
Drôle	有趣的

Chapitre 2

Féminine	女性的
Séduisante	魅惑的
Belle	美好的
Elégante	優雅的
Chic	優美的；雅緻的
Parisienne	巴黎的；巴黎式的
Sensuelle	性感的；感官的
Naturelle	自然的；天然的
Amoureuse	戀愛的多情的
Excentrique	遠離中心的；偏僻的
Mystérieuse	神秘的

Chapitre 3

Romantique	浪漫的
Gourmande	美食的
Hédoniste	享樂主義者
Simple	簡單的
Charmante	有魅力的
Sensible	敏感的
Cultivée	有教養的
Femme	女性
Décontractée	放鬆的
Econome	節省的
Capricieuse	任性的

Note

暢銷精選 84
【新裝版】

簡約與優雅

法國女人的生活美學

國家圖書館出版品預行編目(CIP)資料

簡約與優雅：法國女人的生活美學／朵拉.
托賽(Dora Tauzin)著；劉淳譯. -- 二版. --
新北市：世潮出版有限公司, 2021.06
面；　公分. -- (暢銷精選；84)
ISBN 978-986-259-076-8(平裝)
1.生活指導 2.女性
177.2　　110004051

作　　者　朵拉・托賽 Dora Tauzin
譯　　者　劉淳
責任編輯　李芸
主　　編　楊鈺儀
封面設計　林芷伊
出 版 者　世潮出版有限公司
地　　址　（231）新北市新店區民生路 19 號 5 樓
電　　話　（02）2218-3277
傳　　真　（02）2218-3239（訂書專線）
劃撥帳號　17528093
戶　　名　世潮出版有限公司　單次郵購總金額未滿 500 元（含），請加 80 元掛號費
世茂網站　www.coolbooks.com.tw
排版製版　辰皓國際出版製作有限公司
印　　刷　世和印刷股份有限公司
初版一刷　2021 年 6 月
　　二刷　2022 年 12 月

ＩＳＢＮ　978-986-259-076-8
定　　價　300 元